D1674594

Die Hochzeit von Himmel und Hölle

~ WORT-SCHÄTZE ~

WILLIAM BLAKE

Die Hochzeit von Himmel und Hölle

AUSGEWÄHLTE
DICHTUNGEN

Die Auswahl der Dichtungen William Blakes
entspricht der Ausgabe aus dem Jahre 1907
»William Blake. Ausgewählte Dichtungen«,
die behutsam an die moderne Orthographie angepasst wurde.
Die Übersetzung von
»Die Hochzeit von Himmel und Hölle«:
besorgte Lillian Schacherl

Einbandgestaltung: Kathrin Steigerwald, Hamburg
Einbandabbildung: akg, Berlin
Layout und Satz: Roland Poferl Print-Design, Köln
Druck und Bindung: Oldenbourg Taschenbuch GmbH,
Hürderstraße 4, 85551 Kirchheim

Printed in Czech Republic 2005
ISBN 3-89996-429-2

www.area-verlag.de

INHALT

DIE HOCHZEIT VON HIMMEL UND HÖLLE

DIE BEGRÜNDUNG

Rintrah brüllt und schwingt seine Feuer
   in der beladenen Luft;
Hungrige Wolken hängen über der Tiefe.

Sanftmütig und auf gefahrvollem Pfad
Zog der Gerechte einst seinen Weg
Am Tal des Todes entlang.
Rosen stehen, wo Dornen wachsen,
Und über verdorrter Heide
Singen die Honigbienen.

Bepflanzt dann war der gefahrvolle Pfad,
Und ein Bach und ein Quell
An jedem Fels, jedem Grab
Und über gebleichten Gebeinen
Gebar rote Erde;

Bis der Gewissenlose die sorglosen Pfade verließ,
Um die gefahrvollen Pfade zu gehen
Und den Gerechten in Ödnis zu stoßen.

Nun schleicht die geduckte Schlange
In sanfter Demut dahin,
Und der Gerechte rast in der Wildnis,
Wo Löwen streifen.

Rintrah brüllt und schwingt seine Feuer
   in der beladenen Luft;
Hungrige Wolken hängen über der Tiefe.

★

Da ein neuer Himmel aufgetan ist und, seit er anbrach,
dreiunddreißig Jahre vergangen, steht wieder die Ewige
Hölle auf. Und siehe da: Swedenborg ist der Engel, der
am Grab sitzt. Seine Schriften: gefaltete Linnengewän-
der. Nun ist die Herrschaft Edoms da und die Rückkehr
Adams ins Paradies; siehe Jesaja Kap. 34 und 35.
Ohne Gegensätze ist kein Fortschritt. Anziehung und
Abstoßung, Vernunft und Energie, Liebe und Haß sind
dem menschlichen Dasein notwendig.
Diesen Gegensätzen entspringt, was die Kirchenmänner
Gut und Böse nennen. Gut ist das Erleidende, das der
Vernunft gehorcht. Böse ist das Tätige, das der Energie
entspringt.

    Das Gute ist Himmel. Das Böse ist Hölle.

DIE STIMME DES TEUFELS

Alle Bibeln oder heiligen Gesetzesbücher waren die Ursachen folgender Irrtümer:

1. Daß der Mensch aus zwei real existierenden Wesenheiten besteht, nämlich: Leib und Seele.
2. Daß Energie, sprich: das Böse, allein vom Leib, und Vernunft, sprich: das Gute, allein von der Seele herrührt.
3. Daß Gott den Menschen in Ewigkeit dafür peinigen wird, daß er seinen Energien folgt.

Wahr hingegen ist das folgende Gegenteil:

1. Der Mensch hat keinen Leib, von seiner Seele geschieden. Denn was Leib genannt wird, ist der Teil der Seele, der durch die fünf Sinne wahrgenommen wird, den Fenstern der Seele in unserer Zeitlichkeit.
2. Energie ist das einzige Leben und stammt vom Leib; und Vernunft ist die Schranke oder die äußere Begrenzung der Energie.
3. Energie ist Ewige Freude.

★

Die die Begierde unterdrücken, tun es, weil ihre so schwach ist, sich unterdrücken zu lassen; und der Unterdrücker oder die Vernunft bemächtigt sich ihres Platzes und beherrscht den Lustlosen.

Und da sie unterdrückt wird, wird sie nach und nach trä-
ge, bis sie nur ein Schatten der Begierde ist.

Die Geschichte davon ist im Verlorenen Paradies zu lesen,
und der Beherrscher oder die Vernunft heißt Messias.

Und der Urerzengel oder Befehlshaber der Himmlischen
Heerscharen heißt Teufel oder Satan, und seine Kinder
heißen Sünde und Tod.

Im Buche Hiob jedoch wird Miltons Messias Satan ge-
nannt. Denn diese Geschichte haben beide Seiten über-
nommen.

Wirklich schien es der Vernunft, als sei die Begierde aus-
getrieben worden; der Teufel aber stellt es so dar, daß der
Messias abfiel und, was er dem Abgrund stahl, zu einem
Himmel aufwölbte.

Dies tut die Bibel dar, darin er zum Vater betet, daß er
ihm den Tröster oder die Begierde sende, auf daß sich die
Vernunft einer Eingebung versehe, worauf zu bauen sei;
denn der Jehova der Bibel ist kein anderer als der im
flammenden Feuer wohnt.

Wisset, daß er nach Christi Tod Jehova wurde.

Doch bei Milton ist der Vater das Schicksal, der Sohn ein
Vernunftgrund der fünf Sinne, und der Heilige Geist: Leere?

Merke: Der Grund, warum Milton in Fesseln schrieb,
wenn er von Engeln und Gott, warum in Freiheit, wenn
er von Teufeln und Hölle schrieb, ist, daß er ein wahrer
Dichter war, und, ohne es zu wissen, auf seiten des Teufels.

EINE DENKWÜRDIGE PHANTASIE

Als ich durch die Feuer der Hölle wanderte, entzückt
von den Genüssen des Genius, die den Engeln als Pein
und Wahnsinn erscheinen, sammelte ich einige ihrer
Sprichwörter; denn ich dachte, wie die von einem Volk
verwendeten Redensarten seinen Charakter kennzeich-
nen, so könnten die Sprichwörter der Hölle das Wesen
der infernalischen Weisheit besser hervorkehren als ir-
gendeine Beschreibung von Bauten oder Trachten.
Als ich heimkam, sah ich am Abgrund der fünf Sinne, wo
ein glatter Steilhang drohend auf die gegenwärtige Welt
hinabsieht, einen mächtigen Teufel, in schwarze Wolken
gewandet, an den Felswänden schweben: mit fressenden
Feuern schrieb er folgenden Spruch, den Menschengeist
nun gewahrt und auf Erden liest:

Woher wißt ihr, ob nicht ein jeder Vogel,
    der im Fluge die Luft durchschneidet,
Eine unermeßliche Welt des Entzückens ist,
    euch mit euren fünf Sinnen verschlossen?

SPRICHWÖRTER DER HÖLLE

In der Saatzeit lerne, zur Erntezeit lehre, im Winter genieße.

Zieh deinen Karren und deinen Pflug über die Knochen der Toten.

Die Straße der Ausschweifung führt zum Palast der Weisheit.

Vorsicht ist eine reiche, häßliche alte Jungfer, der Unfähigkeit den Hof macht.

Wer begehrt und nicht handelt, brütet Pestilenz aus.

Der zerschnittene Wurm verzeiht dem Pflug.

Tauch den in den Fluß, der Wasser liebt.

Ein Tor sieht nicht denselben Baum, den ein Weiser sieht.

Wessen Antlitz kein Licht wirft, wird nie ein Stern werden.

Die Ewigkeit ist verliebt in die Erzeugnisse der Zeit.

Die fleißige Biene hat für Sorgen keine Zeit.

Die Stunden der Torheit mißt die Uhr, die der Weisheit vermag keine Uhr zu messen.

Alle bekömmliche Nahrung wird nicht mit Netz oder Falle gefangen.

Hol dir Zahl, Gewicht und Maß aus einem mageren Jahr.

Kein Vogel steigt höher, als ihn die Schwingen tragen.

Ein toter Leib rächt Unrecht nicht.

Die erhabenste Tat ist, einen anderen vor sich zu stellen.

Würde der Tor in seiner Torheit beharren, würde er weise werden.

Torheit ist der Mantel der Schurkerei.

Scham ist des Stolzes Mantel.

Gefängnisse werden aus Steinen des Gesetzes gebaut, Dirnenhäuser aus Ziegeln der Religion.

Der Stolz des Pfauen ist Gottes Herrlichkeit.

Die Geilheit des Bockes ist Gottes Großmut.

Der Zorn des Löwen ist Gottes Weisheit.

Die Nacktheit des Weibes ist Gottes Werk.

Übermaß des Kummers lacht. Übermaß der Freude weint.

Das Brüllen der Löwen, das Heulen der Wölfe, das Wüten der stürmischen See und das vernichtende Schwert sind Teile der Ewigkeit, zu groß für das Auge des Menschen.

Der Fuchs verdammt die Falle, nicht sich selbst.

Freuden befruchten. Schmerzen gebären.

Laßt den Mann das Fell des Löwen tragen, das Weib das Vlies des Schafes.

Dem Vogel ein Nest, der Spinne ein Netz, dem Menschen Freundschaft.

Der selbstgefällig lächelnde Narr und der verdrießlich scheelblickende Narr sollen beide als weise gelten, damit sie Zuchtrute seien.

Was jetzt bewiesen wird, ward einst nur vorgestellt.

Die Ratte, die Maus, der Fuchs, das Kaninchen achten auf die Wurzeln; der Löwe, der Tiger, das Pferd, der Elefant achten auf die Früchte.

Die Zisterne speichert, die Quelle fließt über.

Ein einziger Gedanke füllt Unermeßlichkeit.

Sei stets bereit, deine Meinung zu sagen, und der Niedrige wird dir aus dem Wege gehen.

Alles, was geglaubt werden kann, ist eine Vorstellung der Wahrheit.

Niemals verlor der Adler soviel Zeit, als da er sich herabließ, von der Krähe zu lernen.

Der Fuchs sorgt für sich selbst; für den Löwen aber sorgt Gott.

Denke am Morgen. Handle mittags. Iß am Abend. Schlafe nachts.

Der es erduldete, daß du ihm etwas vortäuschtest, kennt dich.

Wie der Pflug Worten folgt, so belohnt Gott Gebete.

Die Tiger des Zorns sind weiser als die Pferde der Hohen Schule.

Erwarte Gift von stehendem Wasser.

Du weißt nicht, was genug ist, ehe du nicht weißt, was mehr als genug ist.

Höre auf des Narren Tadel! Das ist ein königlicher Anspruch!

Die Augen Feuer, Luft die Nüstern, Wasser der Mund, der Bart Erde.

Der an Kühnheit Schwache ist stark an Schläue.

Nie fragt der Apfelbaum die Buche, wie er wachsen, noch der Löwe das Pferd, wie er seine Beute reißen soll.

Der dankbare Empfänger trägt reiche Ernte heim.

Wären andere nicht töricht gewesen, müßten wir es sein.

Die Seele voll süßen Entzückens kann nie befleckt werden.

Siehst du einen Adler, so siehst du einen Boten des Genius; erhebe dein Haupt!

Wie die Raupe die schönsten Blätter sucht, um darauf ihren Kot zu legen, so legt der Priester auf die schönsten Freuden seinen Fluch.

Eine kleine Blume zu erschaffen, ist Mühsal von Zeitaltern.

Verdamme Fesseln. Segne das Entfesselnde.

Der beste Wein ist der älteste, das beste Wasser das jüngste.

Gebete pflügen nicht! Lobpreisungen ernten nicht!

Freuden lachen nicht! Sorgen weinen nicht!

Das Haupt Erhabenheit, Leidenschaft das Herz, das Geschlecht Schönheit, Ebenmaß Hände und Füße.

Was die Luft dem Vogel oder dem Fisch das Meer, ist Verachtung dem Verächtlichen.

Die Krähe wünscht alles schwarz, die Eule alles weiß.

Überschwang ist Schönheit.

Würde der Löwe vom Fuchs unterwiesen, wäre er schlau.

Regelung macht Wege gerade, doch krumme, unbegradete Wege sind die Wege des Genius.

Eher ein Kind in der Wiege morden, als Begierden nähren, die untätig bleiben.

Ohne den Menschen ist die Natur öde.

Wahrheit kann niemals so ausgesprochen werden, daß sie verstanden und nicht geglaubt wird.

Genug! oder: zuviel.

★

Die alten Dichter beseelten alle erfahrbaren Dinge mit Göttern oder Genien, nannten sie mit den Namen und schmückten sie mit den Eigenarten von Wäldern, Flüssen, Bergen, Seen, Städten, Völkern und was sonst ihre erweiterten und vielfältigen Sinne wahrnehmen konnten.

Und vor allem erspürten sie den Genius jeder Stadt und jedes Landes und stellten diese ihrer geistigen Gottheit anheim.

Bis sich ein System ausbildete, das einige dazu ausnutzten, den gemeinen Mann zu knechten, indem sie versuchten, den geistigen Gottheiten die Gestalt der Wirklichkeit zu geben oder sie von ihren Dingen abzulösen: der Anfang des Priestertums.

Es lieh sich die Formen der Anbetung von der Dichtung. Und zuguterletzt verkündete es, die Götter hätten so befohlen.

So vergaßen die Menschen, daß alle Gottheiten in des Menschen Brust wohnen.

EINE DENKWÜRDIGE PHANTASIE

Die Propheten Jesaja und Hesekiel saßen beim Mahl mit mir, und ich frug sie, wie sie sich unterfangen konnten, so rundweg zu behaupten, Gott habe zu ihnen gesprochen, und ob sie damals nicht daran gedacht hätten, daß sie mißverstanden und somit die Ursache von Betrügereien werden könnten.

Jesaja antwortete: »Nicht sah ich Gott, noch hörte ich ihn durch die begrenzte leibliche Wahrnehmung; doch meine Sinne entdeckten die Grenzenlosigkeit in allem, und da ich damals überzeugt war, und ich bin es noch, daß die Stimme des gerechten Zorns die Stimme Gottes ist, kümmerte ich mich nicht um die Folgen, sondern schrieb.«

Darauf frug ich: »Kann eine feste Überzeugung, daß etwas so ist, es so machen?«

Er entgegnete: »Alle Dichter glauben daran, daß sie das kann, und in Zeitaltern der Einbildungskraft versetzte solch feste Überzeugung Berge; viele aber sind einer festen Überzeugung nicht fähig.«

Darauf sagte Hesekiel: »Die Philosophie des Ostens lehrte die tragenden Grundbegriffe der menschlichen Wahrnehmung. Einige Völker hielten den einen Grundbegriff, einige einen anderen für den ursprünglichen: Wir von Israel lehrten, daß der Poetische Genius – wie ihr es jetzt nennt – das ursprüngliche Prinzip sei und alle anderen davon nur abgeleitet, was dazu führte, daß wir die Priester und Philosophen anderer Länder verachteten und prophezeiten, es würde eines Tages offenbar werden, daß alle Götter von unseren abstammen und dem Poetischen Genius tributpflichtig seien. Das war es, was unser großer Dichter, König David, so glühend herbeisehnte, was er so leidenschaftlich beschwört, wenn er sagt, dadurch bezwinge er Feinde und regiere er Königreiche. Und wir liebten unseren Gott so sehr, daß wir in seinem Namen alle Gottheiten der Nachbarvölker verfluchten und erklärten, sie hätten sich aufgelehnt: Solche Behauptungen machten den gemeinen Mann glauben, alle Völker würden schließlich den Juden untertan werden.

»Dies«, sagte er, »hat sich erfüllt wie alle festen Überzeugungen; denn alle Völker glauben an das Gesetz der Juden und verehren den Gott der Juden; und kann denn eine Unterwerfung vollständiger sein?«

Ich vernahm dies mit einiger Verwunderung und fühlte mich gedrängt, meine eigene Überzeugung zu bekennen. Nach dem Mahl bat ich Jesaja, die Welt mit seinen verlorenen Werken zu beglücken; er sagte, keins von gleichwertiger Bedeutung sei verloren. Hesekiel sagte von seinen Werken dasselbe.

Ich frug Jesaja auch, was ihn bewogen habe, drei Jahre lang nackt und barfuß zu gehen. Er erwiderte: »Dasselbe, was unseren Freund Diogenes, den Griechen, bewog.«

Ich frug darauf Hesekiel, warum er Dung gegessen und so lange auf seiner rechten und linken Seite gelegen habe. Er entgegnete: »Weil es mich verlangte, andere zur Wahrnehmung des Unendlichen emporzuführen, wie es auch bei den Stämmen Nordamerikas gehandhabt wird. Und ist jemand achtenswert, der seinem Genius oder

Gewissen widersteht, allein um augenblicklicher Wohltat und Befriedigung willen?«

★

Die alte Überlieferung, daß die Welt nach sechstausend Jahren vom Feuer verzehrt werden soll, ist wahr: so habe ich von der Hölle vernommen.

Denn dem Cherub mit dem Flammenschwert ward befohlen, seinen Posten am Baume des Lebens dann zu verlassen; und wenn er es tut, wird die ganze Schöpfung verzehrt werden und unendlich und heilig erscheinen, wie sie jetzt endlich und verderbt erscheint.

Dies wird geschehen durch Vervollkommnung der Sinnenfreude.

Zuerst jedoch muß die Idee ausgemerzt werden, der Mensch habe einen Leib, von seiner Seele geschieden; dafür werde ich sorgen, indem ich nach infernalischer Weise drucken werde mit Ätzmitteln, die in der Hölle wohltätig und heilkräftig wirken: Sie schmelzen hinweg, was an der Oberfläche liegt, und bringen das Unendliche zum Vorschein, das verborgen war.

Wären die Tore der Wahrnehmung freigelegt, erschiene dem Menschen alles, wie es ist: unendlich.

Denn der Mensch hat sich selbst so eingeschlossen, daß er alle Dinge nur noch durch die engen Spalten seiner Höhle sieht.

EINE DENKWÜRDIGE PHANTASIE

Ich war in einer Druckerei der Hölle und sah das Verfahren, nach welchem Wissen von Geschlecht zu Geschlecht weitergegeben wird.

In der ersten Kammer war ein Drachenmann, der den Schutt vom Maul einer Höhle wegräumte; drinnen war eine Schar von Drachen damit beschäftigt, die Höhle auszuschachten.

In der zweiten Kammer war eine Viper, die sich um den Felsen und an der Höhle entlangwand, andere schmückten sie mit Gold, Silber und Edelsteinen.

In der dritten Kammer war ein Adler mit Schwingen und Federn aus Luft: durch ihn wurde das Innere der Höhle unendlich; ringsum waren Scharen adlergleicher Menschen, die in den gewaltigen Felsgebirgen Paläste bauten.

In der vierten Kammer waren Löwen aus flammenden Feuern, die in rasendem Taumel die Metalle zu lebendigen Fluten schmolzen.

In der fünften Kammer waren Namenlose in Gestalt, welche die Metalle in die Weiten gossen.

Dort wurden sie von Menschen aufgefangen, welche die sechste Kammer bewohnten, und nahmen die Form von Büchern an und wurden in Büchereien aufgestellt.

★

Die Titanen, die dieser Welt zu ihrem sinnlichen Dasein verhalfen und darin nun in Ketten zu leben scheinen, sind in Wahrheit Ursache ihres Lebens und Quelle aller Lebendigkeit; aber die Ketten sind die Schlauheit schwacher und zahmer Geister, die der Energie zu widerstehen vermögen, wie das Sprichwort sagt: Der an Kühnheit Schwache ist stark an Schläue.

So ist ein Teil des Seins das Erschaffende, der andere das Verschlingende: Dem Verschlinger dünkt es, als wäre der Erzeuger in seinen Ketten; dem ist mitnichten so; er greift nur Teile des Daseins heraus und bildet sich ein, es sei das Ganze.

Aber der Erschaffende würde aufhören, zu erschaffen, würde nicht der Verschlinger wie ein Meer den Überschwang seiner Wonnen empfangen.

Einige werden sagen: »Ist nicht Gott allein der Erschaffende?« Ich antworte: »Gott Wirkt und Ist allein in lebendigen Wesen oder Menschen.«

Diese zwei Gruppen von Menschen sind immerdar auf Erden, und sie sollten Feinde sein: Wer sie zu versöhnen trachtet, sucht das Dasein zu zerstören.

Religion ist eine Bestrebung, die beiden zu versöhnen.

Merke: Jesus Christus wollte sie nicht vereinen, sondern trennen, wie in dem Gleichnis von den Schafen und Böcken! Und er spricht: »Ich bin nicht gekommen, den Frieden zu bringen, sondern das Schwert.«

Messias, oder Satan, oder der Versucher, so dachte man früher, sei einer der Vorsintflutlichen, die unsere Energien sind.

EINE DENKWÜRDIGE PHANTASIE

Ein Engel kam zu mir und sprach: »O bedauernswerter, törichter Jüngling! O entsetzlicher, o schrecklicher Zustand! Denk doch an den brennend heißen Kerker, den du dir selbst für alle Ewigkeit bereitest, dem du bei solchem Lebenswandel entgegengehst.«

Ich sagte: »Vielleicht bist du willens, mir mein ewiges Los zu zeigen, so wollen wir es gemeinsam bedenken und sehen, ob dein Los oder das meine begehrenswerter sei.«

Also führte er mich durch einen Stall und durch eine Kirche und hinab in die Kirchengruft, die vor einer Mühle endete: Wir gingen durch die Mühle und kamen zu einer Höhle: Den Windungen der Höhle entlang tasteten wir uns auf beschwerlichem Weg weiter, bis sich eine Leere unter uns auftat, grenzenlos wie ein umgekehrter Himmel, und wir klammerten uns an die Wurzeln der Bäume und hingen über der Unendlichkeit. Doch ich sagte: »So es dir beliebt, wollen wir uns dieser Leere ausliefern und abwarten, ob die Vorsehung auch hier wirkt. Willst du es nicht, so will ich es.« Er aber entgegnete: »Vermesse dich nicht, Jüngling, sondern erblikke, indes wir hier bleiben, dein Los, das bald erscheinen wird, wenn die Finsternis weicht.«

So blieb ich bei ihm, im verzweigten Wurzelwerk einer Eiche hockend; er hielt sich an einem Pilz fest, der mit dem Kopf über der Tiefe hing.

Allmählich wurde uns der unendliche Abgrund erkennbar, glühend wie der Rauch einer brennenden Stadt; unter uns, in unermeßlicher Entfernung, war die Sonne, schwarz aber leuchtend, rings um sie waren feurige Bahnen, daran wanden sich gewaltige Spinnen entlang, sie krochen ihrer Beute nach, die in der unendlichen Tiefe umherflog oder eher umherschwamm: grauenvolle Gestalten von Tieren, die der Fäulnis entsprungen waren; und die Luft war voll von ihnen und schien aus ihnen zu bestehen. Das sind Teufel, und sie werden Mächte der Luft geheißen. Nun frug ich meinen Begleiter, was mein ewiges Los sei. Er sagte: »Zwischen den schwarzen und den weißen Spinnen.«

Zwischen den schwarzen und den weißen Spinnen brach jetzt eine Wolke hervor und Feuer, das rollte durch die Tiefe und hüllte alles in Schwärze ein, so daß die Tiefe unter uns schwarz wie ein Meer ward und sich mit furchterregendem Getöse umherwälzte. Unter uns war nun nichts mehr zu sehen als schwarzer Aufruhr, bis wir, ostwärts schauend, zwischen Wolken und Wogen einen Katarakt aus Blut und Feuer erblickten; und nur wenige

Steinwürfe von uns entfernt tauchte die schuppige Windung einer monströsen Schlange auf und versank wieder. Zuletzt erschien gegen Osten, ungefähr drei Grade entfernt, ein flammender Kamm über den Wogen; langsam richtete er sich auf wie eine Krone aus goldenen Klippen, bis wir zwei karmesinrote Feuerbälle entdeckten, vor denen das Meer in Dampfschwaden hinwegstob. Und nun sahen wir, daß es das Haupt Leviathans war. Seine Stirn war geteilt in Streifen von Grün und Purpur, jenen auf der Stirn eines Tigers gleich: Alsbald sahen wir auch sein Maul und rote Lefzen, die dicht über dem tobenden Schaum hingen und die schwarze Tiefe mit Blutstrahlen färbten, und sahen ihn auf uns zukommen mit der ungezügelten Raserei eines Geisterwesens.

Mein Freund, der Engel, kletterte von seinem Platz und in die Mühle hinauf: Ich blieb allein, und nun war die Erscheinung nicht mehr da, sondern ich fand mich im Mondlicht am lieblichen Ufer eines Flusses sitzen und hörte einen Harfner zur Harfe singen, und sein Lied ging so: »Der Mensch, der nie seine Meinung ändert, gleicht stehendem Wasser und brütet Reptilien des Geistes aus.« Ich aber erhob mich und suchte nach der Mühle, und dort fand ich meinen Engel, der mich überrascht fragte, wie ich entkommen sei.

Ich antwortete: »Alles, was wir sahen, sahen wir dank deiner Metaphysik. Denn als du wegliefest, fand ich mich im

Mondlicht an einem Ufer und hörte einen Harfner. Nun, da wir mein ewiges Los gesehen haben, soll ich dir deins weisen?« Er lachte über meinen Vorschlag, doch da nahm ich ihn in einer plötzlichen Aufwallung in meine Arme und flog gen Westen durch die Nacht, bis wir uns über den Schatten der Erde erhoben; dann schwang ich mich mit ihm mitten in den Sonnenball hinein. Hier gewandete ich mich in Weiß, und, indem ich Swedenborgs Bücher in die Hand nahm, entsank ich den strahlenden Gefielden und flog an allen Planeten vorüber, bis wir zum Saturn kamen: Hier hielt ich Rast, und dann sprang ich in die Leere zwischen Saturn und den Fixsternen.

»Hier«, sagte ich, »ist dein Los, in diesem Raum – wenn das Raum genannt werden kann.« Bald sahen wir den Stall und die Kirche, und ich führte ihn zum Altar und öffnete die Bibel, und siehe da! es war ein tiefer Schacht, den ich, den Engel vor mir her treibend, hinabstieg. Alsbald sahen wir sieben Backsteinhäuser, in eins davon traten wir ein; da befand sich eine Schar von Affen, Paviane und was sonst noch zu dieser Art gehört; in der Mitte angekettet, zähnefletschend und nach einander schnappend, wurden sie durch die Kürze ihrer Ketten gezügelt. Jedoch bemerkte ich, daß sie sich zuweilen vermehrten, dann wurden die Schwachen von den Starken geschnappt und mit grienenden Mienen zuerst begattet und danach verschlungen, wobei ein Glied nach dem anderen abgerissen wurde, bis der Leib als hilfloser Strunk übrigblieb. Nachdem sie diesen mit scheinbarer Zärtlichkeit angefletscht und geküßt hatten, verschlangen sie ihn gleichfalls; und hier und dort sah ich einen, der genüßlich das Fleisch von seinem eigenen Schwanz nagte. Da der Gestank uns beiden fürchterlich zusetzte, kehrten wir zur Mühle zurück, und ich brachte in meiner Hand das Gerippe eines Körpers mit, das sich in der Mühle als die Analytik des Aristoteles herausstellte.

Der Engel sagte: »Deine Phantasie hat mir etwas vorgegaukelt, und du solltest dich schämen.«

Ich antwortete: »Wir haben beide einander etwas vorgegaukelt, und es ist nur verlorene Zeit, mit dir zu reden, dessen Werke nichts als Analytik sind.«

Gegensätzlichkeit ist wahre Freundschaft

★

Ich habe immer gefunden, daß Engel so eitel sind, von sich selbst als von den einzig Weisen zu sprechen; dies tun sie mit einer überzeugten Anmaßung, wie sie Denken in Systemen erzeugt.

So brüstet sich Swedenborg, daß neu sei, was er schreibe; dabei ist es nur das Inhaltsverzeichnis oder das Register zu schon veröffentlichten Büchern.

Ein Mann führte zur Schaustellung einen Affen an der

Leine, und weil er um weniges gescheiter war als der Affe, wurde er eitel und dünkte sich weit gescheiter als sieben Männer zusammen. So ist es bei Swedenborg: Er zeigt auf die Torheit der Kirchen und stellt Heuchler bloß, bis er sich einbildet, alle seien kirchenhörig und er selbst sei der einzige auf Erden, der jemals ein Netz zerriß.

Nun hört eine nackte Tatsache: Swedenborg hat keine einzige neue Wahrheit geschrieben. Nun hört eine andere: Er hat all die alten Unwahrheiten geschrieben.

Und nun hört den Grund: Er verkehrte mit Engeln, die alle Frömmler sind, und verkehrte nicht mit Teufeln, die alle die Frömmigkeit hassen, denn dazu machten ihn seine eitlen Ideen unfähig.

So sind Swedenborgs Schriften eine Wiederholung aller oberflächlichen Ansichten und eine Analyse der etwas tieferen, aber auch nicht mehr.

Vernehmt nun eine andere nackte Tatsache: Jeder Beliebige mit mechanischer Begabung mag aus den Schriften des Paracelsus oder des Jakob Böhme zehntausend Bände von gleichem Gehalt wie Swedenborgs herstellen und unzählige aus Dantes oder Shakespeares Schriften.

Doch wenn er dies getan hat, laßt ihn nicht behaupten, er wüßte mehr als sein Meister, denn er hält nur ein Talglicht in den Sonnenschein.

EINE DENKWÜRDIGE PHANTASIE

Einst sah ich, wie ein Teufel in einer Feuerflamme sich vor einem Engel aufreckte, der auf einer Wolke saß, und der Teufel stieß die Worte aus:

»Die Anbetung Gottes bedeutet: Seine Gaben in anderen Menschen ehren, wie sie dem Geist eines jeden gemäß sind, und die größten Menschen am meisten lieben: Die, welche große Menschen beneiden oder verleumden, hassen Gott, denn es gibt keinen anderen Gott.«

Der Engel, als er dies hörte, wurde beinahe blau; doch da er sich bezwang, wurde er gelb und zuletzt weiß, rosa und lächelnd, und dann entgegnete er:

»Du Götzendiener! Ist Gott nicht Eins? Und ist er nicht offenbar in Jesus Christus? Und hat nicht Jesus Christus das Gesetz der Zehn Gebote bekräftigt? Und sind nicht alle anderen Menschen Narren, Sünder und Nichtse?«

Der Teufel entgegnete: »Zerstoße in einem Mörser einen Narren unter Weizen, auch dann wirst du ihm die Narrheit nicht herausreiben können. Wenn Jesus Christus der größte Mensch ist, solltest du ihn in höchstem Maße lieben. Höre doch, wie er das Gesetz der Zehn Gebote bekräftigt hat: Spottete er nicht über den Sabbat und somit auch über den Sabbatgott? Mordete er nicht jene, die um seinetwillen gemordet wurden? Wandte er nicht das Gesetz ab von der Ehebrecherin? Stahl er nicht die Arbeit anderer, sich selbst zunutze? Legte er nicht falsches Zeugnis ab, als er vor Pilatus sich zu verteidigen unterließ? War er nicht begehrlich, als er für seine Jünger betete und sie den Staub von ihren Füßen schütteln hieß gegen die, die ihnen Herberge weigerten? Ich sage dir, keine Tugend kann bestehen, ohne daß diese zehn Gebote gebrochen werden. Jesus war ganz Tugend und handelte aus innerem Antrieb, nicht nach Regeln.«

Als er so gesprochen hatte, erblickte ich, wie der Engel seine Arme ausstreckte und die Feuerflamme umarmte, und er ward verzehrt und erhob sich als Elia.

Merke: Dieser Engel, nun ein Teufel geworden, ist mein enger Freund; wir lesen oft zusammen die Bibel in ihrem höllischen oder teuflischen Sinn, der der Welt zuteil werden soll, wenn sie sich dessen würdig erweist.

Ich habe auch ›Die Bibel der Hölle‹, welche die Welt haben soll, ob sie will oder nicht.

Ein Gesetz für den Löwen und den Ochsen ist Unterdrückung.

EIN FREIHEITSGESANG

1. Das Ewige Weib stöhnte! Es ward über die ganze Erde gehört.

2. Albions Küste ist siech, schweigt: Amerikas Fluten ermatten!

3. Schatten der Weissagung flattern an Seen und Flüssen vorüber und murmeln über den Ozean. Frankreich, brich deine Kerker auf!

4. Goldenes Spanien, zerhau die Schranken des alten Rom!

5. Deine Schlüssel, o Rom, wirf in die Tiefe, hinab laß sie fallen, hinab zur Ewigkeit fallen.

6. Und weine!

7. In ihre zitternden Hände nahm sie den neugeborenen Schrecken, heulend:

8. Auf jenen endlosen Bergen des Lichts, die das Atlantische Meer entrückt, stand das neugeborene Feuer vor dem sternenfunkelnden König!

9. Gebauscht von graubrauigem Schnee und gewittrigen Fratzen flatterten die eifersüchtigen Schwingen über der Tiefe.

10. Himmelwärts brannte die speertragende Hand, losgeschnallt war der Schild; unter flammendem Haar schnellte die Eifersuchtshand hervor und schleuderte das neugeborene Wunder durch die sternenbesäte Nacht.

11. Das Feuer, das Feuer fällt!

12. Blick auf! Blick auf! O Bürger Londons, öffne dein Gesicht! O Jude, laß das Goldzählen sein und kehr

zurück zu Öl und Wein. O Afrikaner, schwarzer Afrikaner! (Beflügelter Gedanke, geh! und weite seine Stirn.)

13. Die feurigen Glieder, das flammende Haar schossen wie die sinkende Sonne ins westliche Meer.

14. Entrissen seinem ewigen Schlaf, floh das eisgraue Element brüllend hinweg:

15. Niederstürzte, vergeblich die Schwingen schlagend, der eifersüchtige König. Seine graubrauigen Räte, gewittrigen Krieger, krausen Veteranen, zwischen Helmen und Schilden und Wagen, Elefanten, Bannern, Burgen, Schleudern und Felsen,

16. Fallend, stürzend, zerschmetternd, begruben die Trümmer in Urthonas Höhlen;

17. Die ganze Nacht unter den Trümmern; dann, als ihre trübseligen Flammen verblichen, tauchten sie rings um den düsteren König empor.

18. Mit Blitz und Donner, als er seine gestirnten Heere durch die wüste Wildnis führt, verkündet er seine zehn Gebote, und seine speerstarrenden Lider gleiten in düsterer Unmut über die Tiefe hin,

19. Wo der Sohn des Feuers in seiner östlichen Wolke, indes sich der Morgen seine goldene Brust befiedert,

20. Fortstößt die mit Flüchen beschriebenen Wolken, zu Staub zerstampft das steinerne Gesetz, erlöst die ewigen Rosse aus den Schächten der Nacht, und ausruft:

Herrschaft ist nicht mehr! Und Löwe und Wolf werden nicht mehr sein!

Chor

Laßt die Priester des Raben der Morgendämmerung nicht mehr in Todesschwarz mit heiserem Schrei den Söhnen der Freude fluchen. Laßt nicht zu, daß die, die er zu Brüdern genommen – und die er, der Tyrann, frei nennt – den Grundstein legen oder das Dach decken. Noch erlaubt bleicher, frömmelnder Geilheit, Jungfräulichkeit zu nennen, was begehrt und nicht handelt.

Denn alles, was lebt, ist heilig.

WEISSAGUNGEN
DER
UNSCHULD

O, sieh in einem Sandkorn eine Welt,
in einer wilden Blume einen Himmel,
halt' das Unendliche in deiner hohlen Hand,
und banne Ewigkeit in eine Stunde.

Ein Rotkehlchen mit roter Brust in einem Käfig
    setzt den ganzen Himmel in eine Wut.
Ein von Tauben erfüllter Taubenschlag
    schaudert die Hölle durch all ihre Tiefen.
Ein Hund, an seines Herrn Tür erfroren,
    sagt den Untergang des Staates vorher.
Ein Kampfhahn, beschnitten und zum Gefecht
    bewaffnet, erschreckt die aufgehende Sonne.
Ein Pferd, mißbraucht auf der Landstraße,
    ruft gen Himmel nach menschlichem Blut.
Jedes Wolfes und jedes Löwen Geheul
    hebt aus der Hölle eine menschliche Seele.
Jeder Schrei des gejagten Hasen
    reißt eine Faser aus dem Gehirn.
Eine Feldlerche, am Flügel verwundet,
    hält einen Cherub im Singen auf.
Wer den kleinen Zaunkönig verletzt,
    wird niemals von Menschen geliebt;
Wer den Ochsen zum Zorn erregte,
    wird niemals vom Weibe geliebt.
Wer das Ross für den Krieg abrichtet,
    soll niemals die Pol-Schranke überschreiten.
Der mutwillige Knabe, der die Fliege tötet,
    soll die Feindschaft der Spinne fühlen.
Wer des Käfers Lebensgeist quält,
    webt eine Laube in endloser Nacht.

Die Raupe auf dem Blatt
    ruft dir den Schmerz deiner Mutter zurück.
Der wilde Hirsch, hier und da wandernd,
    erhält die menschliche Seele vor Kummer.
Das mißbrauchte Lamm brütet öffentlichen Zwist
    und vergibt noch dem Messer des Schlachters.
Töte nicht die Motte und den Schmetterling,
    denn das letzte Gericht zieht dicht heran.
Des Bettlers Hund und der Witwe Katze:
    füttere sie und du sollst fett werden.
Jede Träne aus jedem Auge
    wird ein Kindlein in Ewigkeit.
Das Blöken, das Bellen, das Heulen und Brüllen sind
    Wogen, die an die Küste des Himmels anschlagen.
Die Fledermaus, die bei Abendende flattert,
    hat das Gehirn verlassen, welches nicht glauben will.
Die Eule, die die Nacht heraufruft,
    spricht den Schrecken des Ungläubigen aus.
Die Mücke, die ihres Sommers Sang singt,
    erhält Gift von des Verleumders Zunge.
Das Gift der Schlange und des Molchs
    ist der Schweiß vom Fuß des Neides.
Das Gift der Honigbiene
    ist die Eifersucht des Künstlers.
Das stärkste, je bekannte Gift
    kam aus der Lorbeerkrone Caesars.

Nichts kann die menschliche Rasse entstellen
  wie der Eisentragriemen des Waffenschmieds.
Der Soldat, bewaffnet mit Schwert und Flinte,
  trifft gelähmt des Sommers Sonne.
Wenn den Pflug Gold und Edelsteine schmücken,
  soll Neid sich vor friedlichen Künsten beugen.
Die Bettlerlumpen, die in der Luft flattern,
  zerreißen die Himmel in Lumpen.
Die Prinzenkleider und die Bettlerlumpen
  sind Giftpilze auf den Säcken des Geizhalses.
Ein Pfennig, von des Arbeiters Händen gepreßt,
  soll die Lande des Geizhalses kaufen und verkaufen.
Oder, wenn von hoch oben beschützt,
  soll er jene ganze Nation verkaufen und kaufen.
Der Pfennig des armen Mannes ist mehr wert
  als all das Gold an Afrikas Küste.
Die Dirne und der Spieler, vom Staat erlaubt,
  bauen das Geschick jener Nation.
Der Ruf der Hure von Straße zu Straße
  soll des alten England Leichentuch weben;
Der Jauchzer des Gewinners, der Fluch des Verlierers
  sollen vor des toten England Bahre tanzen.
Wer den Glauben des Kindes verspottet,
  soll im Alter und Tod verspottet werden.
Wer das Kind zweifeln lehrt,
  soll niemals dem modernden Grab entrinnen.

Wer den Glauben des Kindes achtet,
 triumphiert über Hölle und Tod.
Das Kindchen ist mehr als Wickelbande
 durch all diese Menschenlande.
Werkzeuge wurden gemacht, und geboren wurden
 Hände: jeder Bauer versteht das.
Der Frager, der so schlau sitzt,
 soll niemals wissen, wie er antworten soll.
Wer den Worten des Zweifels antwortet,
 löscht das Licht des Wissens aus.
Ein Sumpf oder der Ruf der Grille
 sind eine passende Antwort auf Zweifel.
Des Kindes Spielzeug und die Vernunft des alten Mannes
 sind die Früchte von den zwei Jahreszeiten.
Der Ameise Zoll und des Adlers Meile
 bringen lahme Philosophie zum Lächeln.
Eine Wahrheit, die mit schlechter Absicht gesagt ist,
 schlägt all die Lügen, die du erfinden kannst.
Wer an dem zweifelt, was er sieht,
 wird niemals glauben, tu, was dir beliebt.
Wenn die Sonne und der Mond zweifeln sollten,
 würden sie sofort ausgehen.
Jede Nacht und jeden Morgen
 sind Einige zum Elend geboren.
Jeden Morgen und jede Nacht
 sind Einige zu süßem Entzücken geboren.

Einige sind zu süßem Entzücken geboren,
    Einige sind zu endloser Nacht geboren.
Freude und Schmerz sind schön gewebt
    zu einem Kleide für die göttliche Seele.
Unter jedem Schmerz und jeder Pein
    läuft eine Freude mit seidenem Faden;
es ist recht, es sollte so sein:
    der Mensch wurde zu Freude und Schmerz gemacht.
Und, wenn wir dies richtig wissen,
    gehen wir heil durch die Welt.
Wir werden verleitet, eine Lüge zu glauben,
    wenn wir mit dem, nicht durch das Auge sehen,
welches in einer Nacht geboren wurde,
    um unterzugehen in einer Nacht,
als die Seele
    in Lichtesstrahlen schlief.
Gott erscheint und Gott ist Licht
    für jene armen Seelen, die in Nacht wohnen,
aber entfaltet sich eine menschliche Form
    für jene, die in den Reichen des Tages wohnen.

THEL

Weiß der Adler, was in der Höhle ist?
Oder willst du zum Maulwurf gehn und fragen?
Kannst du Weisheit tun in einen silbernen Stab
oder Liebe in eine goldene Schale?

Die Töchter der Serafim führten
    ihre sonnigen Herden umher,
alle, außer der Jüngsten: sie suchte
    in Blässe die verschwiegene Luft,
um wie die Morgenschönheit zu verwelken
    von ihrem sterblichen Tage:
unten am Strome Adonas
    wird ihre sanfte Stimme gehört:
und also sinkt ihre zarte Wehklage
    wie Morgentau.

O, Leben dieses unseres Quells!
    Warum welkt der Lotus des Wassers?
Warum welken diese Kinder des Quells?
    die nur geboren sind, um zu lächeln und zu sinken.
Ach! Thel ist wie ein Wasserbogen!
    und wie eine ziehende Wolke!
Wie eine Zurückstrahlung in einem Glase:
    wie Schatten im Wasser,
wie Träume von Kindern,
    wie ein Lächeln auf einem Kindergesichte,
wie Sprechen der Tauben, wie der vorübergehende Tag,
    wie Musik in der Luft.
Ach! zart kann ich mich hinablassen, und zart mein
    Haupt hinruhen und zart die Stimme hören
von ihm, der im Garten geht in der Abendstunde.

Die Lilie des Tals,
    die in dem niedrigen Gras atmet,
antwortete dem lieblichen Mädchen und sagte:
    ich bin ein Wasserkraut,
und ich bin sehr klein und liebe
    in niedrigen Tälern zu wohnen:
so schwach, kaum setzt sich
    der geschmückte Schmetterling auf mein Haupt,
doch ich werde vom Himmel besucht,
    und er, der auf Alle lächelt,
geht im Tal und breitet über mich
    jeden Morgen seine Hand aus,
indem er spricht: Freue dich, du niedriges Gras,
    du neugeborene Lilienblume,
du zartes Mädchen schweigender Täler
    und bescheidener Bäche:
denn du sollst in Licht gekleidet
    und mit Morgen-Manna ernährt werden,
bis Sommerhitze dich zerschmilzt
    neben den Brunnen und den Quellen,
um zu blühen in ewigen Tälern:
    warum also sollte Thel klagen,
warum sollte die Herrin der Täler von Har
    einen Seufzer aussprechen.
Sie hörte auf und lächelte unter Tränen,
    setzte sich dann hinab in ihren Silberschrein.

Thel antwortete: O, du kleine Jungfrau
    des friedlichen Tals,
Jenen gibst du, die nicht fordern können,
    den Stimmlosen, Überschwachen,
dein Atem ernährt das unschuldige Lamm,
    es riecht deine milchigen Gewande,
es weidet deine Blumen, und du sitzest und lächelst
    in sein Angesicht
und wischest von seinem sanften und schwachen Mund
    alle Befleckungen.
Dein Wein reinigt den goldenen Honig.
    Dein Duft,
den du auf jeden kleinen Grashalm, der entspringt,
    verbreitest,
belebt neu die gemolkene Kuh und besänftigt
    das feueratmende Roß.
Doch Thel ist gleich einer blassen Wolke,
    die sich an der aufgehenden Sonne entzündet,
ich schwinde von meinem Perlenthron,
    und wer soll meinen Platz finden.
Königin der Täler, antwortete die Lilie,
    frage die zärtliche Wolke,
und sie soll dir erzählen,
    warum sie im Morgen-Himmel schimmert,
und warum sie ihre Glanz-Schönheit
    durch die feuchte Luft verbreitet;

steige herab, o, kleine Wolke,
    und schwebe vor den Augen Thels:
Die Wolke stieg herab und die Lilie beugte
    ihr bescheidenes Haupt
und ging, um auf ihre zahlreichen Pfleglinge
    zwischen dem grünen Gras zu achten.

O, kleine Wolke, sagte die Jungfrau,
    erzähle du mir,
warum du nicht klagst,
    wenn du in einer Stunde vergehst.
Dann werden wir dich suchen,
    aber nicht finden: ach, Thel ist dir gleich.
Ich gehe hinweg, jedoch ich klage,
    und nicht Einer hört meine Stimme.

Dann zeigte die Wolke das goldene Haupt,
    und seine glänzende Gestalt tauchte hervor,
schwebend und schimmernd auf der Luft
    vor dem Angesichte Thels.

O, Jungfrau, weißt du es nicht –
    unsere Pferde trinken von den goldenen Quellen,
wo Luvah seine Rosse erneuert:
    siehst du meine Jugend an

und fürchtest du dich, weil ich schwinde
    und nicht mehr gesehen werde.
Nichts bleibt übrig; o, Mädchen, ich sage dir,
    wenn ich hinweggehe,
so ist das zu zehnfachem Leben, zur Liebe,
    zum Frieden, und zu heiligen Entzückungen:
Unsichtbar herabsteigend, wiegen meine lichten Flügel
    auf balsamischen Blumen:
und ich schmeichle dem schönäugigen Tau,
    daß sie mich in ihr leuchtendes Zelt nehme.
Die weinende Jungfrau, sie kniet zitternd
    vor der aufgegangenen Sonne.
Bis wir aufstehen, in ein goldenes Band gefesselt
    und niemals scheiden:
aber vereinigt gehen und Nahrung zu allen unseren
    zärtlichen Blumen bringen.

Tust du, o, kleine Wolke? Ich fürchte,
    daß ich dir nicht gleiche:
Denn ich gehe durch die Täler von Har
    und rieche die süßesten Blumen,
doch ich ernähre nicht die kleinen Blumen:
    ich höre die zwitschernden Vögel,
doch ich ernähre nicht die zwitschernden Vögel,
    sie fliegen und suchen ihr Essen.

Doch ich ergötze mich nicht mehr an ihnen,
    weil ich verwelke,
und alle sollen sagen, dieses leuchtende Weib
    lebte ohne einen Nutzen,
oder lebte sie, um allein im Tode
    die Nahrung von Würmern zu sein?

Die Wolke lehnte sich auf den luftigen Thron
    und antwortete also:

Dann, wenn du die Nahrung von Würmern bist,
    o Jungfrau der Himmel,
Wie groß dein Nutzen, wie groß dein Segen;
    Jedes, was lebt,
lebt nicht allein für sich selbst; fürchte dich nicht
    und ich werde den schwachen Wurm
aus seinem niedrigen Bett rufen,
    und du sollst ihn sprechen hören.
Komm hervor, o Wurm des schweigenden Tals,
    zu deiner gedankenvollen Königin.

Der hilflose Wurm erhob sich
    und setzte sich auf das Lilienblatt,
und die glänzende Wolke segelte fort,
    um die Gattin im Tal zu finden.

Dann erblickte Thel erstaunt
    den Wurm auf seinem tauigen Bett.

Bist du ein Wurm? Bild der Schwäche,
    bist du nur ein Wurm?
Ich sehe dich gleich einem Kinde,
    gewickelt in das Lilienblatt.
Ach, weine nicht, kleine Stimme,
    du kannst nicht sprechen, aber du kannst weinen.
Ist das ein Wurm?
    Ich sehe dich hilflos und nackt liegen: weinend,
und Keiner, der dir antwortet,
    Keiner, der dich pflegt mit Mutterlächeln.

Der Erdklumpen hörte die Stimme des Wurms
    und richtete das bemitleidende Haupt auf.
Sie beugte sich über das weinende Kind
    und verhauchte ihr Leben
in milchiger Zärtlichkeit, dann richtete sie
    auf Thel ihre demütigen Augen.

O Schönheit der Täler von Har,
    wir leben nicht für uns selbst,
Du siehst mich, das gewöhnlichste Ding,
    und so bin ich's wirklich,

Mein Busen ist von sich selbst kalt
    und finster von sich selbst,
aber er, der die Niedrigen liebt,
    gießt sein Öl auf mein Haupt
und küßt mich und bindet seine ehelichen Bande
    um meine Brust
und spricht: Du Mutter meiner Kinder,
    ich habe dich geliebt,
und ich habe dir eine Krone gegeben,
    die keiner fortnehmen kann.
Aber wie das ist, süßes Mädchen, weiß ich nicht
    und ich kann nicht wissen,
ich denke darüber nach, und ich kann nicht
    nachdenken, dennoch lebe ich und liebe.

Die Tochter der Schönheit trocknete ihre
    bemitleidenden Tränen mit ihrem weißen Schleier
und sagte: Ach! Ich wußte es nicht,
    und darum weinte ich:
Daß Gott einen Wurm lieben würde,
    ich wußte es, und der böse Fuß werde gestraft,
der seine hilflose Gestalt mutwillig zerstört,
    aber daß er ihn pflegte
mit Milch und Öl, wußte ich niemals,
    und daher weinte ich,

und ich wehklagte in die milde Luft,
 weil ich verwelke
und mich hinablege in dein kaltes Bett
 und mein leuchtendes Los verlasse.

Königin der Täler, antwortete die Mutter Erde:
 ich hörte deine Seufzer,
und alle deine Klagen flogen über mein Dach,
 aber ich habe sie hinabgerufen.
Willst du, o Königin, eintreten in mein Haus.
 Es ist dir gegeben, einzutreten
und zurückzukehren: fürchte nichts. Tritt ein
 mit deinen jungfräulichen Füßen.

Der ewigen Tore furchtbarer Pförtner
 erhob den nördlichen Riegel:
Thel trat ein und sah die Geheimnisse
 des unbekannten Landes:
sie sah die Lager der Toten und wohin
 die faserigen Wurzeln
jedes Herzens auf Erden tief
 ihre rastlosen Windungen befestigten.
Ein Land der Sorgen und der Tränen,
 wo niemals Lächeln gesehen wurde.

Sie wanderte im Lande der Wolken,
    durch finstere Täler und lauschte
den Schmerzen und Wehklagen:
    oft neben einem tauigen Grabe wartend,
stand sie schweigend und lauschte
    den Stimmen des Grundes,
bis sie an ihren eigenen Grabort kam,
    und da setzte sie sich hin
und hörte diese Stimme der Sorge,
    geatmet aus der hohlen Grube.

Warum kann nicht das Ohr gegen seine
    eigene Zerstörung geschlossen werden
oder das glänzende Auge
    gegen das Gift eines Lächelns?
Warum sind Auglider mit Pfeilen,
    bereits angezogen, gerüstet,
wo ein Tausend Kämpfer
    im Hinterhalt liegen?
Oder ein Auge der Gaben und Gnaden,
    regnend Früchte und geprägtes Gold?
Warum eine Zunge, durchdrungen von Honig
    aus jedem Wind?
Warum ein Ohr, ein wilder Wirbelpol,
    um Schöpfungen einzuziehen?

Warum eine Nüster, weit
    Entsetzen, Zittern und Bangen einschlürfend?
Warum ein zärtlicher Zügel
    auf dem jugendlich brennenden Knaben?
Warum ein kleiner Vorhang von Fleisch
    am Bette unseres Verlangens.

Die Jungfrau fuhr auf von ihrem Sitz
    und floh mit einem Schrei
ungehindert zurück, bis sie
    in die Täler von Har kam.

VISIONEN DER TÖCHTER ALBIONS

Das Auge sieht mehr,
als das Herz weiß.

ARGUMENT

Ich liebte Theotormon,
und ich schämte mich nicht,
ich zitterte in meinen jungfräulichen Fürchten
und ich barg mich in Leuthas Tal.

Ich pflückte Leuthas Blume,
und ich erhob mich aus dem Tal,
aber die furchtbaren Donner zerrissen
meinen jungfräulichen Mantel.

VISIONEN

In Knechtschaft weinen die Töchter Albions:
    eine zitternde Wehklage
auf ihren Bergen, in ihren Tälern,
    gegen Amerika seufzend.
Denn Amerikas sanfte Seele, Oothoon,
    wanderte im Schmerz
an Leuthas Tälern entlang,
    um sich Blumen zu suchen zu ihrem Trost.
Und sie sprach also
    zur hellen Ringelblume von Leuthas Tal:

Bist du eine Blume, bist du eine Nymphe?
    Ich sehe dich bald als Blume,
bald als Nymphe! Ich darf dich nicht pflücken
    von deinem tauigen Bett.

Die goldene Nymphe antwortete:
    pflücke meine Blume, Oothoon, die milde,
eine andere Blume soll entspringen,
    weil die Seele süßen Entzückens
niemals vergehen kann.
    Sie hielt an und schloß ihre goldene Nische.

Da pflückte Oothoon die Blume und sprach:
    Ich pflücke dich von deinem Bett,
süße Blume, und tue dich hierhin,
    um zwischen meinen Brüsten zu glühen,
und also wende ich mein Antlitz dem zu,
    wo meine ganze Seele sucht.

Über die Wogen ging sie
    im geflügelten, jauchzenden, eiligen Entzücken,
und über Theotormons Reich
    nahm sie den ungestümen Lauf.

Bromion zerriß sie mit seinen Donnern.
    Auf sein stürmisches Bett

legt er das schwache Mädchen und bald
   schreckten ihre Schmerzen seine heiseren Donner.

Bromion sprach: Sieh diese Hure
   auf dem Bette Bromions
und die eifersüchtigen Delphine laß
   um das liebliche Mädchen spielen,
deine sanften amerikanischen Ebenen sind mein
   und dein Norden und Süden sind mein,
mit meinem Siegel
   sind die schwarzen Kinder der Sonne geprägt,
sie sind gehorsam,
   widersetzen sich nicht, der Peitsche gehorsam,
ihre Töchter verehren Entsetzen
   und gehorchen dem Gewaltsamen,
jetzt magst du zur Ehe
   die Hure Bromions nehmen und das Kind
aus Bromions Rasen schützen,
   das Oothoon in neun Monden hervorbringen wird.

Da zerrissen Stürme Theotormons Glieder.
   Er rollte rund seine Wasser
und wand um das ehebrecherische Paar
   seine schwarzen eifersüchtigen Wasser,
Rücken an Rücken gebunden. In den Höhlen
   Bromions wohnen Entsetzen und Schwäche.

Am Eingang sitzt Theotormon auf harter Schwelle,
    übermüde, mit geheimen Tränen.
Unter ihm tönen wie von Wogen
    an ein verlassenes Gestade
die Stimmen von Sklaven unter der Sonne
    und von Kindern, die Geld kaufte,
die in Höhlen der Religion unter den brennenden
    Wollust-Feuern erschauern,
aufsiedend aus den Gipfeln der Erde unaufhörlich.

Oothoon weint nicht, kann nicht weinen,
    ihre Tränen sind verschlossen,
aber sie kann unaufhörlich heulen und ihre sanften
    schneeigen Glieder krümmen
und die Adler Theotormons anrufen,
    daß sie ihre Beute auf ihrem Fleisch nehmen.

Ich rufe mit heiliger Stimme:
    Könige der tönenden Luft,
reißt diesen besudelten Busen fort,
    damit ich Theotormons Bild
zurückstrahlen kann auf meiner
    reinen durchsichtigen Brust.

Die Adler steigen herab bei ihrem Ruf
    und zerreißen ihren blutenden Raub.

Theotormon lächelt streng,
  ihre Seele strahlt das Lächeln zurück,
wie der klare Brunn, den Füße von Tieren beschmutzten,
  wieder rein wird und lächelt.

Die Töchter Albions hören ihre Schmerzen
  und senden ihre Seufzer zurück.
Warum sitzt mein Theotormon
  weinend auf der Schwelle,
ihn vergeblich überredend
  schwebt Oothoon an seiner Seite,
ich rufe: Erhebe dich, o Theotormon!
  Denn der Dorfhund
bellt beim heranbrechenden Tage,
  die Nachtigall hat ihre Klage beendet,
die Lerche raschelt im reifen Korn
  und der Adler kehrt vom nächtlichen Raube
und hebt seinen goldenen Schnabel zum reinen Osten
  und schüttelt den Staub
von seinen unsterblichen Schwingen, um die Sonne,
  die zu lange schläft, zu wecken.

Erhebe dich, mein Theotormon, ich bin rein. Die Nacht
  verging, die mich in ihr tödliches Schwarz schloß.
Sie haben mir gesagt: Nacht und Tag
  sei alles, was. ich sehen könne,

sie sagten: ich hätte fünf Sinne,
    um mich innen zu erschließen,
und sie schlossen mein unendliches Gehirn
    in einen engen Kreis,
sie senkten mein Herz als rote, runde Kugel
    heiß brennend in den Abgrund,
bis ich ganz vertilgt und vom Leben
    ausgelöscht war.
Statt des Morgens erhebt sich ein glänzender Schatten
    gleich einem Auge
in der Wolke des Ostens, statt der Nacht
    ein krankes Beinhaus.

O, Theotormon hört mich nicht,
    ihm sind Nacht und Morgen beide gleich:
eine Nacht mit Seufzen,
    ein Morgen mit frischen Tränen,
und Niemand als Bromion
    kann mein Klagen hören.
Welcher Sinn ist es, mit dem das Küchlein
    den räuberischen Habicht meidet,
welcher Sinn ist es, mit dem die zahme Taube
    die Ausdehnung mißt,
mit welchem Sinn bildet die Biene Zellen?
    Haben Maus oder Frosch

nicht Auge und Ohr und Tastsinn?
    Dennoch sind ihre Gewohnheiten und Absichten
so verschieden wie ihre Gestalten
    und ihre Freuden.
Frage den wilden Esel, warum er Bürden verweigert,
    und das sanftmütige Kamel,
warum es den Menschen liebt:
    wegen Auge, Ohr, Mund, Haut
oder atmender Nüster?
    Nein, denn Wolf und Tiger haben sie.
Frage den blinden Wurm
    nach den Geheimnissen des Grabes,
und warum sich gern seine Windungen
    um des Todes Knochen ringeln
und frage die räuberische Schlange,
    woher sie Gift bekommt,
und den beschwingten Adler,
    warum er die Sonne liebt,
und erzähle mir dann die Gedanken des Menschen,
    die seit alter Zeit verborgen waren.

Schweigend schwebe ich die ganze Nacht
    und könnte stumm den ganzen Tag sein,
kehrte Theotormon einmal
    seine geliebten Augen auf mich.

Wie kann ich besudelt sein,
> wenn ich rein dein Bild zurückstrahle.
Die Frucht ist am süßesten,
> von der der Wurm aß,
und die Seele,
> an der der Schmerz genagt hat,
das frischgewaschene Lamm,
> das mit dem Dorfrauch gefärbt ist,
und der glänzende Schwan, den die rote Erde
> unseres unsterblichen Stromes befleckte.
Ich bade meine Flügel und ich bin weiß und rein,
> um die Brust Theotormons zu umschweben.

Da brach Theotormon sein Schweigen
> und antwortete:
Sage mir, was Nacht oder Tag einem ist,
> der mit Schmerz überflutet ist,
sage, was ein Gedanke ist
> oder aus welchem Stoff gemacht,
sage, was eine Freude ist
> und in welchen Gärten Freuden wachsen,
und in welchen Strömen Sorgen schwimmen und auf
> welchen Bergen Schatten Unzufriedener wogen,
und in welchen Häusern die Elenden wohnen,
> die vergessener Schmerz trunken macht,

und sich vor kalter Verzweiflung
    verschlossen?
Sage, wo die Gedanken vergessen wohnen,
    bis du sie rufst,
sage, wo die einstigen Freuden wohnen
    und die alten Lieben
und wann sie sich erneuern werden
    und die Nacht der Vergessenheit vorübergehen,
daß ich weit entfernte Zeiten und Räume
    überschreiten
und Erquickung in einen augenblicklichen Kummer
    bringen kann
und in eine Nacht der Qual.
    Wohin gehst du, o Gedanke,
in welches ferne Land
    ist dein Flug?
Wenn du zu diesem Augenblick der Trauer
    zurückkommst,
wirst du Tröstung und Tau und Honig und Balsam
    auf deinen Flügeln bringen,
oder Gift aus den öden Wüsten,
    aus den Augen des Neides?

Da sagte Bromion und erschütterte die Höhle
    mit seiner Klage:
Du weißt, die alten Bäume,

die deine Augen schauen,
tragen Frucht, doch weißt du,
daß auf Erden Bäume und Früchte blühen,
um unbekannte Sinne zu ergötzen?
Unbekannt breiten sich
im unendlichen Vergrößerungsglas
Bäume, Tiere, Vögel aus,
unbekannt, doch nicht unbemerkt,
an Orten, die nicht Reisende besuchten,
und in Welten und über Meere anderer Art
und in unbekannten Lüften.
Ach, gibt es andere Kriege da
als die mit Schwert und Feuer
und gibt es andere Sorgen da
als Sorgen der Armut
und andere Freuden
als Freuden der Reichtümer und der Ruhe,
und gibt es da nicht für beide ein Gesetz:
für Löwe und Ochse,
und nicht ewiges Feuer
und ewige Ketten,
um die Gespenster des Daseins
vor dem ewigen Leben zu binden?

Da wartete Oothoon schweigend den ganzen Tag und
die ganze Nacht.

Als aber der Morgen anhob,
  erneuerte sie die Klage.
Die Töchter Albions hören ihre Schmerzen
  und senden ihre Seufzer zurück.

O Urizen, Schöpfer der Menschen,
  mißverstandener Dämon des Himmels,
deine Freuden sind Tränen, deine Mühen, nach deinem
  Bilde Menschen zu formen, vergeblich!
Wie kann eine Freude eine andere aufsaugen,
  sind es nicht verschiedene,
heilige, ewige, unendliche Freuden
  und jede Freude eine Liebe?
Lacht nicht der breite Mund bei einem Geschenk?
  Spotten nicht die engen Auglider
bei der Arbeit, die über Bezahlung ist? Und wirst du
  den Affen zu deinem Ratgeber nehmen
oder den Hund
  zum Lehrer deiner Kinder?
Welcher Armut verachtet
  und welcher vom Wucher sich mit Abscheu wendet,
fühlen sie gleiche Leidenschaft
  oder bewegt sie Gleiches?
Wie mag der Geber von Geschenken
  die Freuden des Kaufmanns erfahren,

wie der betriebsame Bürger
    die Mühen des Landwirts,
wie weit verschieden der wohlgenährte Mietling
    mit hohler Trommel,
ganze Kornfelder zu Wüsten kaufend
    und auf der Heide singend,
wie verschieden ihr Auge und Ohr,
    wie verschieden für sie die Welt?

Welches ist der Sinn, mit dem der Priester
    die Arbeit des Bauern beansprucht,
welches sind seine Netze, Schlingen, Fallen,
    wie umschließt er ihn
mit kalten Fluten der Abstraktion
    und Wäldern der Öde,
daß er für ihn Burgen und hohe Türme baut,
    in denen Könige und Priester wohnen können?
Bis sie, die von Jugend brennt
    und festes Schicksal nicht kennt,
in Gesetzesbuchstaben an Einen gebunden ist,
    den sie verabscheut,
und die Kette des Lebens ziehen muß
    in müder Wollust.
Erstarrende, mörderische Gedanken müssen den klaren
    Himmel ihres ewigen Frühlings verfinstern,

damit sie die Winterwut eines harten Entsetzens,
    zum Wahnsinn gedrängt, erträgt.
Gebunden hält sie einen Stab
    über ihre schaudernden Schultern den ganzen Tag,
und die ganze Nacht dreht sie das Rad
    falscher Begierde,
und von Sehnsüchten, die ihren Schoß
    zur abscheulichen Geburt
von Cherubs in menschlicher Form
    wecken,
zum Leben und Sterben
    und Nicht-mehr-sein.
Bis das Kind mit dem, den es haßt,
    wohnt und die Tat, die verabscheute, tut,
und die unreine Peitsche seinen Samen zwingt
    zu ihrer unreifen Geburt.
Doch stets können seine Auglider
    die Pfeile des Tages erblicken.

Verehrt bei deinen Schritten der Wal
    wie der hungrige Hund,
oder wittert er Beute auf den Bergen,
    weil seine Nüstern weit den Ozean einziehen,
durchdringt sein Auge die fliehende Wolke
    wie das Rabenauge?

Oder mißt er die Ausdehnung wie der Geier?
    Sieht die stille Spinne die Klippen,
wo Adler ihre Jungen bergen, oder freut es die Fliege,
    daß die Ernte eingebracht ist?
Spottet der Adler nicht der Erde
    und verachtet unten die Schätze?
Aber der Maulwurf weiß sie da
    und der Wurm wird es sagen;
errichtet der Wurm nicht eine Säule
    im moderndem Kirchhof
und einen Palast der Ewigkeit
    in dem Rachen des hungrigen Grabes?
Über sein Tor sind diese Worte geschrieben:
    O Mensch, nimm deine Seligkeit,
und dein Geschmack soll süß werden
    und deine Kindesfreuden süß sich erneuern!

Furchtlose, wollüstige, glückliche Kindheit,
    die du dich entzückt
in den Schoß des Vergnügens nistest,
    ehrliche, offene Unschuld,
die du kraftvolle Freuden des Morgenlichtes suchst
    und dich öffnest
jungfräulicher Seligkeit, wer lehrte dich
    Bescheidenheit, feine Bescheidenheit?

Kind, wenn du aus Nacht und Schlaf erwachst,
    wirst du all deine geheimen Freuden verbergen,
oder warst du nicht erwacht,
    als dies ganze Geheimnis erhellt wurde?
Da trittst du hervor, eine bescheidene Jungfrau,
    die du dich mit Netzen zu verbergen weißt,
unter deinem nächtlichen Kissen gefunden,
    um jungfräuliche Freude zu fangen
und sie mit dem Namen Hure zu prägen
    und sie in Nacht zu verkaufen –,
schweigend und ohne ein Flüstern
    und im anscheinenden Schlaf.
Religiöse Träume und heilige Andachten
    erleuchten deine rauchigen Feuer,
einst waren deine Feuer erleuchtet
    von den Augen des ehrlichen Morgens,
und sucht diese heuchlerische Bescheidenheit
    mein Theotormon,
dies wissende, listige, verborgene, furchtsame,
    vorsichtige, zitternde Heuchlerische,
dann wahrlich ist Oothoon eine Hure, und alle
    jungfräulichen Freuden des Lebens sind Huren,
und Theotormon ist
    eines kranken Mannes Traum,
und Oothoon ist der selbstsüchtigen Heiligkeit
    listige Sklavin.

Doch Oothoon ist es nicht.

    Jungfrau, mit jungfräulichen Phantasien erfüllt,
ist sie aufgetan in Wonne und Entzücken dem,
    was immer schön erscheint,
was ich in Morgensonne finde. Darauf sind
    meine Augen im glücklichen Verein gerichtet,
wenn ich im sanften Abend,
    von der Arbeit müde,
auf einer Bank sitze und das Entzücken
    dieser frei geborenen Freude zeichne.

Der Augenblick der Begierde!
    Der Augenblick der Begierde!
Die Jungfrau, die nach dem Manne schmachtet,
    soll ihren Schoß wecken
zu ungeheuren Entzückungen
    in den verborgenen Schatten ihrer Kammer.
Der Jüngling,
    ausgeschlossen von der wollüstigen Freude,
soll vergessen, ein Liebesbild
    in den Schatten seiner Vorhänge
und in den Falten seines stummen Kissens
    hervorzurufen.
Sind nicht dies die Plätze der Religion!
    Die Belohnungen der Enthaltsamkeit,

die Selbstgenüsse des Sich-selbst-Abschlagens!
    Warum suchst du Religion?
Weil Tätigkeit nicht lieblich ist,
    suchst du Einsamkeit,
wo die furchtbare Finsternis mit den Betrachtungen
    der Begierde durchdrungen ist.

Vater der Eifersucht,
    sei ausgestoßen von der Erde!
Warum hast du dies Verfluchte
    meinen Theotormon gelehrt!
Bis von meinen Schultern Schönheit verwelkt,
    verfinstert, verworfen,
ein einsamer Schatten,
    der am Rande des Nichtseins wehklagt.

Ich rufe: Liebe, Liebe, Liebe
    glückliche, glückliche Liebe,
frei gleich dem Bergwind. Kann es Liebe sein,
    was einander saugt,
wie der Schwamm Wasser, was mit Eifersucht
    seine Nächte umwölkt,
mit Weinen alle Tage, um ihn graues,
    eisgraues, dunkles Geweb des Alters spinnt,
bis seine Augen erkranken über der Furcht,
    die vor seinem Blicke hängt?

Das ist Selbst-Liebe, alles beneidende!
Kriechendes Skelett,
das erstarrte Ehebett
mit lampengleichen Augen bewachend.

Aber seidene Netze und Fallen aus Diamant
wird Oothoon breiten
und Kinder für dich fangen von mildem Silber
oder wütendem Gold,
ich werde auf einer Bank an deiner Seiten liegen
und ihrem ausgelassenen Spiel zusehen
in lieblicher Vereinigung
und selig auf selig mit Theotormon sein.
Wie des rosigen Morgens Rot,
wie des erstgeborenen Strahles Lust,
wird Oothoon sein liebes Entzücken erblicken,
und es komme nie eifersüchtige Wolke
in den Himmel großmütiger Liebe,
nie selbstsüchtige Gifthauche!

Wandelt im ruhmreichen Kleide die Sonne
auf der verborgenen Diele,
wo der Geizhals sein Gold ausbreitet,
oder fallen glänzender Wolke Tropfen
auf seine Schwelle, erblickt sein Auge den Strahl, der
dem Auge der Barmherzigkeit

Ausdehnung bringt, oder wird er sich selbst
    neben den Ochsen binden zu deiner harten Furche?
Befleckt nicht jener sanfte Strahl
    die Fledermaus, die Eule, den glühenden Tiger
und den König der Nacht?
    Die Seemöwe nimmt den winterlichen Sturm
zu einer Decke für ihre Glieder,
    und die wilde Schlange die Pest,
die sie ziert mit köstlichen Steinen und Gold,
    und Bäume und Vögel
und Tiere und Menschen
    schauen ihr ewiges Entzücken.
Erhebt euch kleine glänzende Flügel
    und singt eure Kindesfreude,
erhebt euch, trinkt eure Seligkeit,
    denn Jedes, was lebt, ist heilig.

Also trauert Oothoon jeden Morgen,
    doch Theotormon sitzt
am Rande des Ozeans
    und spricht mit gräßlichen Schatten.
Die Töchter Albions hören ihre Schmerzen
    und senden ihre Seufzer zurück.

AMERIKA

VORSPIEL

Die schattige Tochter Urthonas
    stand vor dem roten Orc,
als vierzehn Sonnen matt
    seinen finsteren Abgrund überwandert hatten,
seine Nahrung brachte sie in eisernen Körben,
    seinen Trank in eisernen Bechern,
gekrönt mit einem Helm und dunklem Haar
    stand das namenlose Weib.
Einen Köcher mit seinen brennenden Vorräten,
    einen Bogen gleich dem aus Nacht,
wenn Pest vom Himmel geschossen wird,
    sie brauchte keine anderen Waffen,
unverwundbar, doch nackt, außer wo Wolken
    um ihre Lenden rollen
ihre furchtbaren Falten in der finsteren Luft.
    Schweigend stand sie wie Nacht,
denn niemals konnte von ihrer eisernen Zunge
    Stimme oder Ton entstehen,
sie war stumm bis zu jenem furchtbaren Tage,
    als Orc seine wilde Umarmung versuchte.

Finstere Jungfrau, sagte der haarige Jüngling,
    dein strenger, verabscheuter Vater

nietet meine zehnfachen Ketten, während noch
 auf der Höhe mein Geist sich aufschwingt
manchmal als Adler, der im Himmel schreit,
 manchmal als Löwe,
der auf den Bergen schreitet,
 und manchmal als Wal
peitsche ich den rasenden, unergründlichen Abgrund,
 sogleich als Schlange
winde ich mich um die Säulen Urthonas
 und um deine finsteren Glieder,
ich winde mich auf den canadischen Wildnissen,
 schwach windet mein Geist.
Denn unten gekettet zerreiße ich diese Höhlen,
 wenn du Nahrung bringst,
heule ich meine Freude, und meine roten Augen
 suchen dein Antlitz zu erblicken.
Vergebens! Diese Wolken rollen hin und her
 und verbergen dich vor meinem Anblick.
Schweigend wie verzweifelnde Liebe
 und stark wie Eifersucht
zerreißen die haarigen Schultern die Ketten,
 frei sind die Handgelenke des Feuers,
um die furchtbaren Lenden griff er
 den keuchenden, kämpfenden Schoß,
es erfreute, sie stieß ihre Wolken beiseite
 und lächelte ihr erstgeborenes Lächeln,

wie wenn eine Wolke ihre Blitze
    der schweigenden Tiefe zeigt.

Sobald als sie den furchtbaren Knaben sah,
    barst der Jungfrauenschrei.

Ich kenne dich, ich habe dich gefunden,
    und ich will dich nicht mehr lassen.
Du bist das Bild Gottes,
    der in Afrikas Finsternis wohnt
und du bist gefallen,
    um mir Leben in finsteren Todesreichen zu geben.
Ich fühle auf meinen amerikanischen Ebenen
    die kämpfenden Betrübnisse,
sie werden erduldet von Wurzeln,
    die ihre Arme in die untere Tiefe krümmen,
ich sehe eine Schlange in Canada,
    die mir zu ihrer Liebe schmeichelt,
in Mexiko einen Adler
    und einen Löwen in Peru,
ich sehe einen Wal im Südmeer,
    der meine Seele forttrinkt.
O welche gliederzerreißenden Schmerzen fühle ich!
    Dein Feuer und mein Frost
mischen sich unter heulenden Schmerzen,
    unter Furchen, von deinen Blitzen gerissen.

Das ist ewiger Tod und das
    die lange geweissagte Marter.

AMERIKA

Der Wächterprinz Albions brennt
    in seinem nächtlichen Zelt,
jähe Feuer glühen quer durch den Atlantik
    zur Küste Amerikas,
die Seelen von Kriegsmännern durchbohrend,
    die sich in schweigender Nacht erheben,
Washington, Franklin, Paine und Warren,
    Gates, Hancock und Green
treffen sich an der Küste,
    mit Blut glühend von Albions feurigem Prinzen.
Washington sprach: Freunde Amerikas,
    blickt über das atlantische Meer,
ein gespannter Bogen ist in den Himmel gehoben,
    und eine schwere, eiserne Kette
steigt Glied bei Glied herab von Albions Klippen
    quer durch das Meer,
um Söhne und Brüder von Amerika zu binden,
    bis unsere Angesichter bleich und gelb werden,
unsere Häupter sich herabbeugen,
    die Stimmen schwach,

die Augen niedergeschlagen,
    die Hände von Arbeit zerstört,
die Füße auf dem drückenden Sand bluten,
    und die Furchen der Peitsche hinabsteigen
in Generationen,
    die in zukünftigen Zeiten vergessen.

Die starke Stimme hielt an, denn ein furchtbarer
    Windstoß fegte über das schwellende Meer,
die östliche Wolke zerriß,
    auf seinen Klippen stand Albions zorniger Prinz,
eine Drachengestalt, die Schuppen klirrend,
    erhob er zur Mitternacht;
und geflammte rote Meteore
    um das Land Albions unten,
seine Stimme, seine Locken, seine furchtbaren Schultern
    und seine glühenden Augen
erscheinen den Amerikanern
    auf der wolkigen Nacht.

Feierlich schwellen die atlantischen Wogen zwischen
    den dunklen Völkern,
anschwellend, aus ihren Tiefen
    rote Wolken und rasende Feuer speiend.
Albion ist krank, Amerika ist mutlos!
    entrüstet wurde der Zenit.

Wie menschliches Blut, das seine Adern
    um den ganzen gewölbten Himmel schießt,
erhoben sich rot die Wolken aus dem Atlantik
    in ungeheuren Rädern von Blut
und in den roten Wolken erhob sich ein Wunder
    über das atlantische Meer:
heftig, nackt, ein menschliches, wild glühendes Feuer,
    wie der Keil aus Eisen
erhitzt im Schmelzofen:
    seine schrecklichen Glieder waren Feuer
mit Myriaden umgeben von wolkigen Schrecken,
    finsteren Bannern und Türmen;
Hitze, aber nicht Licht,
    ging durch den trüben Dunstkreis.

Der König von England, nach Westen blickend,
    zittert bei der Vision.

Albions Engel stand
    neben dem Stein der Nacht und sah
den Schrecken gleich einem Kometen oder mehr dem
    roten Planeten gleich,
der einst die furchtbar wandernden Kometen in seine
    Sphäre einschloß.
Dann warst du, Mars, unser Mittelpunkt
    und die drei Planeten umflogen

deine Karmosin-Scheibe. So wurde je die Sonne
    aus deiner roten Sphäre gerissen:
Der Spectre glühte seine fürchterliche Länge
    den Tempel mit Strahlen von Blut lang,
und also kam eine Stimme hervor
    und erschütterte den Tempel.

Der Morgen kommt, die Nacht nimmt ab,
    die Wächter verlassen ihre Posten,
das Grab ist zerbrochen, die Myrrhen verschüttet,
    das Linnen entrollt,
die Knochen des Todes, die deckende Erde,
    die Sehnen verschrumpft und getrocknet,
belebendes Erschüttern, begeistertes Erregen,
    atmend, erwachend,
springen wie befreite Gefangene,
    wenn ihre Fesseln und Riegel zerbrochen sind.
Laß den Gefangenen, der in der Mühle mahlt,
    hinaus in das Feld laufen,
laß ihn zu den Himmeln aufsehen
    und in der hellen Luft lachen,
laß die eingekerkerte Seele,
    in Finsternis und in Seufzen verschlossen,
dessen Antlitz niemals ein Lächeln
    in dreißig müden Jahren gesehen hat,

sich erheben und hinausblicken; seine Ketten
 sind locker, seine Gefängnistüren sind offen,
und laß sein Weib und seine Kinder umkehren
 vor der Peitsche des Bedrückers:
Sie sehen hinter sich bei jedem Schritt
 und glauben, es sei ein Traum.
Sie singen. Die Sonne hat ihre Schwärze verlassen
 und einen neueren Morgen gefunden,
und der schöne Mond ergötzt sich
 in der klaren und wolkenlosen Nacht.
Denn Kaiserreich ist nicht mehr
 und jetzt sollen Löwe und Wolf aufhören.

In Donnern endet die Stimme. Da brannte Albions
 Engel zornig neben dem Stein der Nacht
und wie die ewigen Löwen heulen in Hungersnot und
 Krieg, antwortete er:
Bist du nicht Orc, der in Schlangengestalt am Tor
 Enitharmons steht, um ihre Kinder zu verschlingen,
gottlästernder Dämon Antichrist,
 Hasser der Würden,
Liebhaber wilder Empörung,
 und Übertreter von Gottes Gesetz!
Warum kommst du vor Engelaugen
 in dieser schrecklichen Gestalt.

Der Schrecken antwortete: Ich bin Orc,
    um den verfluchten Baum geschlungen.
Die Zeiten sind beendet.
    Schatten gehen durch die Morgenschlingen,
um die feurige Freude aufzubrechen, die Urizen
    in jener Nacht zu zehn Geboten verzerrte,
als er die gestirnten Scharen
    durch die weite Wildnis führte:
Jenes steinige Gesetz stampfe ich zu Staub
    und zerstreue Religion weit umher
in die vier Winde, wie ein zerrissenes Buch,
    und Niemand soll die Blätter sammeln,
denn sie sollen auf öder Wüste modern
    und sich in grundlosen Tiefen verzehren,
daß sie die Einöden blühend machen
    und die Tiefen schrumpfen zu ihren Quellen,
daß die feurige Freude sich erneuere
    und das steinige Dach berste
und bleiche, jungfräuliche Geilheit,
    Jungfräulichkeit suchend,
sie finden könne in einer Hure
    und in grobgekleideter Ehrlichkeit,
die unbesudelte, doch in ihrer Wiege
    nachts und morgens geraubte,
denn jedes, was lebt, ist heilig.
    Leben entzückt sich an Leben,

da die Seele des süßen Entzückens
    nie besudelt werden kann.
Feuer hüllen den irdischen Ball ein:
    doch der Mensch wird nicht verzehrt.
Mitten unter den wollüstigen Feuern
    wandelt er: seine Füße werden gleich Messing,
seine Knie und Schenkel gleich Silber,
    und seine Brust und sein Haupt gleich Gold.

Schallt, schallt meine lauten Kriegstrompeten und er-
    schreckt meine dreizehn Engel!
Laut heult der ewige Wolf!
    Der ewige Löwe peitscht seinen Schweif.
Amerika ist finster geworden
    und meine bestrafenden Dämonen kauern erschreckt
heulend vor ihren tiefen Höhlen
    gleich im Wind getrockneten Häuten.
Sie können nicht den Weisen schlagen
    und nicht die Fettheit der Erde dämpfen,
sie können nicht mit Sorgen schlagen,
    weder können sie Pflug und Spaten unterdrücken,
weder die Stadt ummauern, weder Wallgräben ziehen
    um Fürstenburgen,
weder den Stumpf der Eiche dazu bringen,
    die Hügel zu überschatten.

Denn furchtbare Männer stehen an den Küsten,
    und in ihre Prunkkleider
sehe ich Kinder Zuflucht vor den Blitzen nehmen.
    Da stehen
Washington und Paine und Warren
    mit ihren Stirnen gegen Osten gerichtet,
doch Wolken verdunkeln meinen alten Blick.
    Eine Vision von fern.
Schallt, schallt meine lauten Kriegstrompeten
    und erschreckt meine dreizehn Engel.
Eine Vision von fern!
    Empörer-Gebilde, das die alten Himmel zerriß,
ewige Viper, selbst erneuert,
    in Wolken rollend,
ich sehe dich in dichten Wolken
    und in Finsternis an Amerikas Küste,
in Qualen verabscheuter Geburt dich krümmend;
    rot flammen der empörerische Kamm
und Augen des Todes;
    der oft vergeblich geöffnete Hurenschoß
schwillt in ungeheuren Kreisen,
    jetzt sind die Zeiten auf dich zurückgekehrt,
Verschlinger deiner Eltern,
    jetzt erneuert sich deine unaussprechliche Marter.
Schallt, schallt meine lauten Kriegstrompeten
    und erschreckt meine dreizehn Engel.

Furchtbare Geburt! ein Junges berstend!
     wo ist der weinende Mund,
und wo die Muttermilch?
     an deren Stelle jene ewig zischenden Rachen,
und ausgedörrten Lippen von frischem Blut tropfen,
     jetzt rolle du in den Wolken,
deine Mutter liegt in ihrer Länge ausgestreckt
     auf dem Gestate unten.
Schallt, schallt meine lauten Kriegstrompeten
     und erschreckt meine dreizehn Engel!
Laut heult der ewige Wolf:
     der ewige Löwe peitscht seinen Schweif.

Also weinte die Engelstimme, und als er weinte,
     bliesen die furchtbaren Trompetenstöße
einen lauten Weckruf
     durch die atlantische Tiefe,
keine Trompeten antworten,
     keine Klarinetten oder Pfeifen,
schweigend bleiben die Kolonien,
     und weigern den lauten Weckruf.

Auf jenen gewaltigen, schattigen Hügeln
     zwischen Amerika und der Küste Albions,
die jetzt vom atlantischen Meer verriegelt sind,
     Atlantische Hügel genannt,

weil du von ihren glänzenden Gipfeln
    in die goldene Welt hinüberschreiten kannst,
erhebt ein alter Palast,
    das Urbild mächtiger Kaisersitze,
seine unsterblichen Zinnen.
    In Gottes Walde
von Ariston, dem König der Schönheit,
    erbaut für seine gestohlene Braut.

Hier saßen auf ihren magischen Sitzen
    die dreizehn Engel beunruhigt,
denn Wolken schweben vom Atlantik
    über dem feierlichen Dach,
feurig erhoben sich die Engel und als sie sich erhoben,
    rollten tiefe Donner
um ihre Küsten, die unwillig
    von den Feuern Orcs brannten,
Und Bostons Engel rief laut,
    als sie durch die Nacht flogen.

Er rief: warum zittert Ehrlichkeit
    und gleicht einem Mörder,
warum sucht er Schutz
    vor dem Stirnrunzeln seines unsterblichen Standes,
muß der Großmütige zittern und seine Freude
    dem Müßigen überlassen, der Pest,

die ihn verspotten? Wer befahl dies,
    welcher Gott, welcher Engel?
daß der Großmütige vor Erfahrung bewahrt bleibt,
    bis die Unedlen
unbeschränkt die Kräfte
    der Natur vollziehen.
Bis Mitleid ein Handel geworden ist,
    und Großmut eine Wissenschaft,
wodurch Menschen reich werden,
    und die sandige Wüste dem Starken gegeben ist.
Welcher Gott ist er? der des Friedens Gesetze schreibt
    und sich in einen Sturm hüllt,
welcher mitleidige Engel ist lüstern nach Tränen
    und fächelt sich mit Seufzern,
welcher kriechende Schuft
    predigt Enthaltsamkeit und wickelt sich
in Lämmerfett? Keinem folge ich mehr.
    Keinem erzeige ich mehr Gehorsam.
So rief er und riß sein Prunkkleid ab
    und warf seinen Szepter nieder
im Anblick von Albions Wächter,
    und alle dreizehn Engel
rissen ihre Gewänder ab in den hungrigen Wind
    und warfen ihre goldenen Szepter
nieder auf Amerikas Land; unwillig stiegen sie,
    mit den Häuptern abwärts,

von ihren himmlischen Höhen schnell
    wie Feuer herab über das Land;
nackt und flammend werden ihre Gesichtszüge
    im tiefen Dunkel von Washington und Paine
    und Warren gesehen,
sie standen, und die Flamme wand sich wild brüllend
    in der pechschwarzen Nacht –
vor dem roten Dämon,
    der gegen Amerika brannte
im schwarzen Rauch, in Donnern und lauten Winden,
    und sich an ihrem Schrecken ergötzte,
und rauchige Kränze losbrach
    aus der wilden Tiefe
und Flammen dicht sammelte wie die eines Schmelz-
    feuers auf dem Lande von Norden nach Süden.

Zu der Zeit versammeln sich die dreizehn Herrscher,
    die England sandte,
in Bernhards Haus. Die Flammen deckten das Land.
    Sie wachen auf.
Ihre geistigen Ketten schüttelnd,
    rauschen sie in Wut an das Meer,
um die Angst zu löschen.
    Zu den Füßen Washingtons hinabgefallen,
kriechen sie auf dem Sand und liegen, sich krümmend,
    während alle britischen Soldaten

durch die dreizehn Staaten ein Geheul der Angst
 aufsenden. Sie werfen ihre Schwerter und Flinten
auf die Erde und laufen aus ihren Lagerplätzen
 und dunklen Kastellen
und suchen, wo sich verbergen vor den grimmigen
 Flammen und vor Orcs Visionen,
im Anblick von Albions Engel, der erzürnt seine gehei-
 men Wolken von Norden nach Süden öffnete,
und ausgebreitet auf Flügeln des Zorns,
 den Ost-Himmel deckend, brannte,
quer durch die Himmel
 seine furchtbaren Schwingen breitend.
 Unter ihm rollten seine zahlreichen Scharen.
All die gelagerten Engel Albions verfinsterten
 die atlantischen Berge, und ihre Trompeten
erschütterten die Täler, mit Krankheiten
 der Erde bewaffnet, um auf den Abgrund
ihre vierzig Millionen-Scharen zu werfen,
 die sich im Ost-Himmel sammeln.

In den Flammen standen Washington, Franklin, Paine
 und Warren, Allan Gates und Lee
und sahen die Heere im Himmel ausgespannt
 und hörten die Stimme von Albions Engel
donnernd befehlen. Seine Plagen, seiner Stimme
 gehorsam, flogen aus ihren Wolken hervor

und fielen auf Amerika wie ein Sturm,
 um sie fortzuraffen, wie ein Meltau
das zarte Korn fortrafft, wenn es erscheinen will.
 Finster ist oben der Himmel
und kalt und hart die Erde unten,
 und wie ein mit Insekten erfüllter Seuchenwind
Mensch und Tier fortrafft,
 und wie an einem Erdbebentage
ein Meer ein Land überwältigt: Wut, Raserei, Wahnsinn
 fuhren in einem Wind durch Amerika,
und die roten Flammen Orcs, die sich wild brüllend
 rings um zornige Ufer winden
und das wilde Zueinanderstürzen der Bewohner.
 Die Bürger New-Yorks
schließen ihre Bücher und riegeln ihre Kisten. Die
 Matrosen Bostons fällen ihre Anker und entladen.
Der Pennsylvania-Schreiber
 wirft seine Feder auf die Erde;
Der Erbauer von Virginia
 wirft seinen Hammer in Furcht hinab.
Da wäre Amerika verloren gewesen,
 durch den Atlantik überwältigt,
die Erde hätte wieder
 einen Teil des Unendlichen verloren,
doch alle Einwohner stürzen in Zorn und rasendem
 Feuer zueinander. Die roten Feuer rasten,

die Seuchen prallten zurück,
      da rollten sie mit Wut zurück
auf Albions Engel:
      da begann die Seuche in Rotstreifen
quer durch die Glieder des Wächters von Albion.
      Die gefleckte Pest
zerschlug den Geist Bristols und des aussätzigen
      London, indem sie all ihre Scharen krank machte:
die Millionen sandten ein Geheul der Angst hinauf und
      warfen ihre gehämmerte Rüstung ab,
und ihre Schwerter und Speere flogen zur Erde
      und sie standen, die Vielen, nackt.

Albions Wächter krümmte sich in Qual
      auf dem Ost-Himmel,
bleich zitterten gegen das Gehirn
      die glimmenden Augen, die Zähne klapperten
heulend und schaudernd, seine Schenkel bebten:
      jede Muskel und Nerve zuckte,
krank liegen Londons Wächter
      und das alte bischöfliche York
mit ihren Häupten auf Schneehügeln,
      mit ihren Bannern krank im Himmel.

Die Seuchen schleichen auf den brennenden Winden,
      durch Orcs Flammen angetrieben,

und durch das wilde amerikanische Zueinanderstürzen
    in der Nacht
hin über die Wächter
    von Irland und Schottland und Wales getrieben.
Diese, mit Plagen befleckt,
    verließen die Grenzen, und ihre Banner,
von Feuern der Hölle versengt, entstellen ihre alten
    Himmel mit Scham und Schmerz,
in seinen Höhlen verborgen fühlte der Sänger Albions
    die ungeheuren Plagen,
und eine Kappe von Fleisch wuchs über sein Haupt und
    Schuppen auf seinem Rücken und seinen Rippen
und von schwarzen Schuppen rauh erschrecken
    all' seine Engel ihre alten Himmel.
Die Tore zur Ehe sind offen
    und die Priester in raschelnden Schuppen
stürzen sich in Schlangen-Dickichte und verbergen sich
    vor Orcs Feuern,
die um die goldenen Dächer
    in Kränzen wilder Sehnsucht spielen,
und lassen die Frauen nackt und glühend
    mit den Wollüsten der Jugend.
Denn die weiblichen Geister der Toten,
    die in Ketten der Religion schmachten,
eilten errötend aus ihren Fesseln,
    und in lang gedehnten Gewölben sitzend,

fühlen sie die Nerven der Jugend
    und Begierden alter Zeiten
über ihren bleichen Gliedern wie einen Wein
    neu werden, wenn die zarte Beere erscheint.

Über die Hügel, die Täler, die Städte
    rasen die roten, wilden Flammen,
die Himmel schmolzen von Norden nach Süden
    und Urizen,
der über allen Himmeln in Donner gehüllt saß,
    tauchte sein aussätziges Haupt
aus seinem heiligen Altar hervor, seine Tränen fallen in
    die erhabene Tiefe in elender Überschwemmung.
Schwer mit den grauen Stirnen der Schneefälle
    und Angesichtern des Donners
wogen seine eifersüchtigen Flügel über der Tiefe.
    Im traurig heulenden Schmerz
stieg er dunkel herab, heulend, rings die gezüchtigten
    Scharen, in Tränen, in zitternde, schaudernde
    Kälte gehüllt,
seinen aufgesammelten Schnee goß er aus,
    und seine eisigen Vorratshäuser
öffnete er auf die Tiefe und das atlantische Meer
    in weißen Schauern.
Seine aussätzigen Glieder sind weiß überall,
    eisgrau war sein Antlitz.

Er weint unter schrecklichem Heulen
 vor den strengen Amerikanern,
er verbirgt den roten Dämon mit Wolken
 und kalten Nebeln von der Erde,
bis Engel und schwache Menschen zwölf Jahre
 über den Starken herrschen sollten,
und dann sollte ihr Ende kommen,
 wenn Frankreich des Dämons Licht empfing.

Starre Schauder erschütterten die himmlischen Throne.
 Frankreich, Spanien und Italien
sahen erschreckt die Scharen Albions,
 und die alten Hüter,
welche auf den Elementen schwach wurden,
 Geschlagene von ihren eignen Plagen,
steigen langsam hervor, um die fünf Tore
 ihres gesetzerbauten Himmels zu verschließen,
der mit befleckenden Phantasien und mit
 Meltau der Verzweiflung erfüllt ist,
mit wilder Krankheit und Wollust,
 die nicht fähig sind, Orcs Feuer aufzuhalten.
Doch die fünf Tore wurden verbrannt
 und ihre Riegel und Angeln geschmolzen
und die wilden Flammen brannten um die Himmel
 und die Aufenthalte der Menschen.

LOS

VORSPIEL

Eno, alte Mutter, die den Wagen Leuthas
seit dem Tage der Donner in alter Zeit leitet,
unter der ewigen Eiche sitzend, zitterte
und erschütterte die feststehende Erde,
und ihre Rede brach also hervor:

O, ferne Zeiten!
als Liebe und Freude Anbetung waren,
als Niemand für unrein gehalten wurde,
weder blinde Lüsternheit,
weder dünnlippiger Neid,
weder borstiger Zorn,
weder gelockter Mutwille.

Aber der Lüsternheit wurde voll eingeschüttet,
Neid ernährte das Fett der Lämmer,
Zorn das Blut der Löwen,
Mutwille wurde in Schlaf gewiegt
von der Laute der Jungfrau
oder gesättigt mit ihrer Liebe.

Bis Lüsternheit ihre Schlösser und Riegel brach
und schlief mit offenen Türen,
Neid bei des Reichen Fest sang,

dem Zorn ein kleines Mutterlamm aufwärts
    und abwärts folgte,
und Mutwille auf seiner eigenen treuen Liebe
eine Rasse von Riesen zeugte.

LOS

Wutrasend liefen die Flammen der Begierde
durch Himmel und Erde, lebende Flammen,
klug, geordnet, bewaffnet
mit Zerstörung und Seuchen. Inmitten
der ewige Prophet in eine Kette gebunden,
gezwungen, Urizens Schatten zu bewachen.
Rasend von Flüchen und Funken der Wut
rollen rund die Flammen, als Los seine Ketten wirft,
aus seiner Wut verdichtet aufsteigend,
rund und rund rollend und auf die Höhe steigend
in leeren Raum, in Nicht-Sein,
wo nichts war! Weit beiseite geschlagen,
stampfen seine Füße die ewigen wild-rasenden
Ströme weiter Flamme; sie rollen rund und rund
und öffnen auf allen Seiten ihren Weg
in Finsternis und schattige Dunkelheit.

Weit beiseite standen die Feuer, in der Leere
blieb Los zurück zwischen Feuer und Feuer,
sie erblickten ihn unter Zittern und Entsetzen,
sie standen weit beiseite, getrieben von seinen Händen
und seinen Füßen, die den niederen Abgrund
in Wut und heißem Unwillen stampften.

Doch aus den Feuern kein Licht. Alles war
um Los Finsternis, Hitze wurde nicht abgegrenzt
zu feurigen Kugeln aus seiner Wut,
die gigantischen Flammen zitterten und verbargen sich.

Kälte, Finsternis, Hemmung, ein Körper
ohne Schwanken, hart wie Diamant,
schwarz wie unbezwinglicher Marmor von Ägypten,
band den rasenden Unsterblichen ein,
und die getrennten Feuer froren ein,
ein gewaltiger Körper ohne Schwanken
band ein seine ausbreitenden klaren Sinne.

Der Unsterbliche stand erstarrt in der Mitte
des gewaltigen Felsens der Ewigkeit Zeiten auf Zeiten,
eine Nacht, ungeheuer dauernd,
ungeduldig, erstickt, steif, gehärtet.

Bis Ungeduld die harte Knechtschaft nicht länger ertrug,
zerriß, zerriß den gewaltigen Körper
mit einem Krach vom Unermeßlichen
    ins Unermeßliche.

Mittendurch in zahllose Stücke geborsten,
schleudert der prophetische Zorn,
    um Ausbruch kämpfend,
sie beiseite, wütend stampfend zu Staub,
und hebt, bröckelnd mit berstendem Schluchzen,
den schwarzen Marmor auf die Höhe in Stücken.
Geschleudert auf allen Seiten wie ein fallender Fels,
fielen die unzählbaren Stücke fort auseinander
und furchtbar leerer Raum unter ihm
    und auf allen Seiten um ihn.
Fallend, fallend! Los fiel und fiel,
sank stürzend schwer hinab, hinab,
Zeiten auf Zeiten, Nacht auf Nacht, Tag auf Tag –
Wahrheit hat Grenzen! Irrtum keine – fallend, fallend,
Jahre auf Jahre und Alter auf Alter,
noch fiel er durch das Leere, noch fand er eine Leere,
um Tag und Nacht ohne Ende zu fallen,
denn obgleich Tag oder Nacht nicht war, ihre Räume
wurden von seinen unaufhörlichen Wirbeln
in der furchtbar grundlosen Leere gemessen.
Der sich unwillig umwälzende Unsterbliche

warf zuerst im Zorn
    seine Glieder hin,
gleich dem Kinde, das in unserer Welt
    neu geboren wird,
Zorn legte sich, und betrachtende Gedanken
    entstanden zuerst,
dann richtete er sein Haupt
    im Abgrunde hoch,
abwärts geborener Fall
    verwandelte sich schräg.

Viele Zeiten der Seufzer, bis dort
    zweigige Gebilde wuchsen,
die das Menschliche einordneten zu endlichen,
    unbiegsamen Organen,
bis er im Fortgang aus dem Fall,
    seitwärts auf der purpurnen Luft schwimmend,
den schwachen Atemwind gebar
    unter übermüden Anstrengungen.
Unaufhörlich arbeitete der fallende Geist,
    sich selbst einrichtend,
bis der leere Raum Element wurde, geschmeidig,
    sich zu erheben
oder zu sinken oder zu schwimmen
    oder zu fliegen,
mit Ruhe das gräßlich Leere erforschend.

Die Lungen schwellen unaufhörlich
 trübe und schwer,
denn da alle anderen Teile
 noch gestaltlos waren,
klammerten sie sich schauernd ringsum an
 wie eine dunkle und klebrige Wolke,
wie der weiße Polyp, der von den Wogen
 getrieben wird und sich ballt auf der Flut.

Und der nicht gestaltete Teil
 begehrte Ruhe
Schlaf begann.
 Die Lungen schwellen auf der Woge
schwer überlastet; untersinkend in eine
 erwürgende schwarze Flüssigkeit, erwachte er.

Er erhob sich auf den Wassern,
 doch bald schwer sinkend,
entsprossen unten seine Organe
 wie Wurzeln aus dem Samen schießen,
und eine gewaltige Welt von Wassern
 begann um ihn in wütenden Strömen.
Dann sank er,
 und um seine erschöpften Lungen
begannen verwickelte Röhren,
 die den Laich der Wasser einzogen

und sich zu einem unermeßlichen
    faserigen Gebilde auszweigten,
das sich durch die Gründe der Unermeßlichkeit
    rasend ausstreckte.
Er erhob sich auf den Fluten,
    dann zerschlug er die wilde Tiefe
mit seinem furchtbaren Zorn
    und trennte das Schwere und das Dünne.
Das Schwere sank hinab
    und klebte rings an den Trümmern des Festen,
das Dünne erhob sich
    und umfloß die wilden Feuer,
die wütend
    in der Ausdehnung glühten.

Da begann zuerst Licht: aus den Feuern
    durch so reine Flüssigkeit geleitete Strahlen
umflossen das Unermeßliche.
    Los sah das Rückgrat Urizens
erscheinen und sich sogleich
    auf der finsteren Leere krümmen
und wie eine Schlange
    auf dem Winde schwingen,
wie eine eiserne Kette,
    die in der Tiefe umherwirbelt.

Zusammen seine Fibern zu einer Form
    von unbezwinglicher Stärke aufrollend,
baute Los erstaunt und erschreckt
    Schmelzöfen,
er formte einen Amboß,
    einen Hammer von Diamant –
dann begann Urizens Bindung
    Tag und Nacht.
Den finsteren Dämon mit Heulen, Schrecken
    und scharfen Gifthauchen umkreisend,
schlägt der Prophet der Ewigkeit
    auf seine eisernen Gelenke.

Und zuerst griff er von jenen
    unendlichen Feuern
das Licht,
    das an den Winden hinabfloß,
und schlägt unaufhörlich, die zarten Teilchen zu einem
    Kreise verdichtend.
Unwillig brüllend ertrugen
    die glänzenden Funken
den gewaltigen Hammer:
    doch unermüdet schlägt Los auf den Amboß,
bis er ruhmvoll
    einen unermeßlichen Kreis von Feuer baute.

Er löschte ihn oft unten in den Tiefen,
dann überblickte er die all-glänzende Masse:
wieder ergriff er Feuer aus den furchtbaren Kreisen,
er erhitzte den runden Ball,
dann schlägt er, während seine Schmelzöfen
brüllend den gefesselten Kreis
in ihren unendlichen Schößen ertrugen.

Neun Zeiten vollendeten ihre Kreise,
als Los die glühende Masse hitzte
und sie in die Tiefen hinabwarf:
die Tiefen entflohen in zurückströmenden Rauch:
die Sonne stand selbst-ausgeglichen,
und Los lächelte vor Freude.
Er ergriff das gewaltige
Rückgrat Urizens
und band es hinab
zu der glühenden Täuschung.
Aber Licht war nicht,
denn die Tiefe floh überall fort
und ließ eine ungestaltete finstere Leere.
Hier liegt Urizen
unter finsteren Martern
auf seinem glühenden Bett,
bis sein Gehirn in einem Fels
und sein Herz in einer fleischigen Haut

vier Ströme bildeten,
    die den unermeßlichen Feuerkreis verdunkelten
und die Nacht hinabflossen:
    bis eine Gestalt vollendet war,
eine menschliche Täuschung,
    in Finsternis und tiefe Wolken eingehüllt.

URIZEN

VORSPIEL

Von des Urpriesters erlangter Macht,
als Ewige seine Religion verächtlich zurückwiesen
und ihm einen Platz im Norden gaben,
dunkel, wesenlos, leer verlassen.

Ewige, ich höre fröhlich euren Ruf,
sagt schnell beschwingte Worte,
fürchtet nicht,
eure finsteren Visionen der Marter zu entfalten.

URIZEN

Siehe, ein Schatten des Schreckens in Ewigkeit
hat sich erhoben, unbekannt, unfruchtbar,
in sich verschlossen, alles abstoßend, welch Dämon
hat diese abscheuliche Leere geformt,
dieses seelen-schaudernde Vakuum? Einige sagten,
es sei Urizen, aber unbekannt, abgesondert, brütend,
geheim, verborgen die dunkle Macht.

Zeiten auf Zeiten teilte er und maß Raum an Raum
in seiner neunfachen Finsternis, unsichtbar, unbekannt,

Veränderungen, wie die wütenden Winde der Störung
    erschienen,
öde Berge wütend spaltend.

Denn er stritt in gräßlichen Schlachten,
in unsichtbaren Kämpfen mit Gestalten,
die seine verlassene Wüste zeugte,
von Tier, Vogel, Fisch, Schlange und Element,
Brand, Wind, Dampf und Wolke.

Finster sich drehend in schweigender Tätigkeit,
unsichtbar in marternden Leidenschaften:
in unbekannter, furchtbarer Tätigkeit,
ein sich selbst betrachtender Schatten,
in ungeheuren Arbeiten beschäftigt.

Aber Ewige sahen seine gewaltigen Wälder.
Er lag Zeiten auf Zeiten, unbekannt brütend,
in den Tiefen verschlossen, alle meiden
das versteinerte abscheuliche Chaos.

Seine kalten Schrecken bereitete schweigend finster
Urizen: seine Zehntausende von Donnern
streckten sich in dunkler Reihe mitten durch die
    furchtbare Welt aus,

und der Räder Rollen tönte wie von schwellenden
    Meeren
in seinen Wolken, in seinen Hügeln des gehäuften
    Schnees,
in seinen Bergen des Hagels und Eises: Schreckensstim-
    men
wurden gehört wie Herbstdonner,
wenn die Wolke über der Ernte lodert.

Erde war nicht, nicht die Kugeln der Anziehung,
des Unsterblichen Wille dehnte oder schloß
seine all-biegsamen Sinne:
Tod war nicht, doch ewiges Leben entsprang.

Der Schall einer Trompete weckte die Himmel,
und gewaltige Blutwolken umrollten
Urizens dunkle Felsen, so hieß dieser Einsame
im Unermeßlichen.

Die Trompete gellt: und Mrriaden der Ewigkeit
erschienen in lebenden Schöpfungen,
in den Flammen ewiger Wut.

Sondernd, verfinsternd, donnernd,
mit einem furchtbaren Krach fortgerissen,
rollte Ewigkeit weit abseits,

weit auseinander rollend,
bergig alles rings
fortgehend, fortgehend, fortgehend,
lassend Trümmerstücke des Lebens,
hängende, stirnrunzelnde Klippen, und zwischen allem
ein Ozean von unergründlicher Leere.

Die brüllenden Feuer liefen über die Himmel
in Wirbelwinden und Katarakten von Blut,
und über die finsteren Öden Urizens
ergießen sich Feuer durchs Leere auf allen Seiten,
auf die selbsterzeugten Heere Urizens.
Aber aus den Feuern kein Licht. Alles war Finsternis
in den Flammen ewiger Wut.

In wilder Angst und unauslöschlichen Flammen
lief er rasend in die Öden und die Felsen,
sich zu verbergen, aber er konnte nicht: verbindend
grub er Berge und Hügel in gewaltiger Stärke,
er säulte sie in unaufhörlicher Arbeit,
in Heulen und Ängsten und wildem Wahnsinn
lange Zeitläufe arbeitend in brennenden Feuern,
bis er eisgrau wurde, vom Alter gebrochen, alt
in Verzweiflung und Schatten des Todes.

Und wie ein Dach baute er, gewaltig versteinert rings
auf allen Seiten: wie ein Schoß,
wo Tausende Ströme in Adern
von Blut hinab an den Bergen gießen,
zur Kühlung der ewigen Feuer außerhalb
von Ewigen schlagend: und wie ein schwarzer Erdball
im Anblick der ewigen Söhne, die am Ufer
    des unendlichen Ozeans standen;
wie ein menschliches, ringendes und pochendes Herz
erschien die gewaltige Welt Urizens.

Und Los hielt um den finsteren Ball Urizens
für Ewige Wache, um allein die dunkle Scheidung
    zu begrenzen,
denn Ewigkeit stand weit beiseite,
wie die Sterne beiseite von der Erde sind.

Los weinte heulend um den finsteren Dämon
und sein Schicksal verfluchend, denn in Angst
war Urizen von seiner Seite gerissen
und zu seinen Füßen unergründliche Leere
und heftige Feuer zu seinem Wohnen.

Aber Urizen lag in einem steinigen Schlaf,
ungeordnet, aus Ewigkeit gerissen.

Die Ewigen sagten: Was ist dies? Tod,
Urizen ist ein Klumpen Lehm.

Los heulte in seiner schrecklichen Betäubung,
stöhnend, knirschend stöhnend,
bis das Abseitstreiben geheilt war.

Doch Urizens Abseitstreiben heilte nicht.
Kaltes, gestaltloses Fleisch oder Lehm,
lag er, von gräßlichen Veränderungen gespalten,
in einer traumlosen Nacht.

Bis Los seine Feuer erschreckt entfachte
beim formlos unmeßbaren Tode.

Los, von Erstaunen geschlagen,
erschrak bei den sich windenden Knochen

und bei dem wogenden schwefligen
gestörten Unsterblichen, der wahnsinnig raste

in Wirbelwinden und Pech und Salpeter
um Los wütende Glieder.

Und Los formte Netze und Schlingen
und warf die Netze weit umher.

Er bewachte in schaudernder Furcht
die finsteren Veränderungen und band jede Veränderung
mit Nieten von Eisen und Messing:

Und diese waren die Veränderungen Urizens.

Zeitalter auf Zeitalter rollten über ihm
wie eine finstere Wüste, die sich veränderlich streckt,
gespalten von Erdbeben, jähe Feuer speiend,
auf Zeitalter rollten Zeitalter in gespenstischer
kranker Marter, um ihn heulte
der ewige Prophet, in Wirbelwinden der Finsternis
noch auf seine Nieten von Eisen schlagend,
Platten von Eisen gießend, in Wachen
die furchtbare Nacht teilend.

Und Urizen (so sein ewiger Name)
verdunkelte sein fruchtbares Entzücken mehr und mehr
und verbarg in finstere Einsamkeit, in wogende
schweflige Flut seine Phantasien.

Der ewige Prophet schwellte die finsteren Blasbälge
und kehrte rastlos die Zangen um und schlug den
        Hammer unaufhörlich,
schmiedete neue, neue Ketten und zählte sie
mit Gelenken, Stunden, Tagen und Jahren.

Der ewige Geist, als er gebunden, begann
Zorneswirbel zu rollen, rundum unaufhörlich,
und der schweflige, dick wogende Schaum
setzte sich als heller und klar scheinender See,
weiß wie der Schnee kalt auf den Bergen.

Vergessenheit, Stummheit, Notwendigkeit.
In Ketten des Geistes verschlossen
gleich Fesseln zusammenschränkenden Eises,
zerrüttet, aus Ewigkeit gerissen,
schlug Los auf seine Eisenfesseln
und hitzte seine Schmelzöfen und goß
Platten von Eisen und Platten von Messing.

Rastlos drehte sich der gefesselte Unsterbliche
schmerzhaft hebend, unerträglich geängstigt,
bis ein zottig wildes Dach in ein Gewölbe
seinen Quell des Gedankens einschloß.

In einem furchtbaren, traumvollen Schlaf
krümmte sich gleich der gegliederten höllischen Kette
ein gewaltiges Rückgrat in Martern auf dem Winde:
gequält Rippen hervortreibend gleich einer sich bie-
    genden Höhle,
und Knochen der Festigkeit erstarrten
über all seinen Nerven der Freude,

und ein erstes Zeitalter ging vorüber
und ein Zustand schrecklichen Schmerzes.

Aus den Höhlen seines gegliederten Rückgrats
sank mit Furcht eine rote, runde Kugel
heiß brennend tief, tief
hinab in den Abgrund,
pochend sich ballend, zitternd
heraus zehntausend Zweige
rings um seine festen Knochen treibend,
und ein zweites Zeitalter ging vorüber
und ein Zustand schrecklichen Schmerzes.

In eggender Furcht rings rollend,
trieb sein nerviges Gehirn Zweige
um die Zweige seines Herzens
hoch zu zwei kleinen Augäpfeln
und befestigte sie in zwei kleinen Höhlen,
sie sorgfältig vor dem Winde verbergend.
Seine Augen schauten die Tiefe,
und ein drittes Zeitalter ging vorüber
und ein Zustand schrecklichen Schmerzes.

Die Wehen der Hoffnung begannen
in schwerer Qual streitend, ringend.
Zwei Ohren trieben in engen Windungen

unterhalb von seinen Augäpfeln der Vision
keimend heraus und versteinerten, als sie wuchsen,
und ein viertes Zeitalter ging vorüber
und ein Zustand schrecklichen Schmerzes.

In gespenstischer Marter krank,
auf dem Winde hängend, bogen sich zwei Nüstern
hinab zur Tiefe,
und ein fünftes Zeitalter ging vorüber
und ein Zustand schrecklichen Schmerzes.

In gespenstischer Marter krank
schwoll innerhalb seiner Rippen rundum
eine hungrig gierige Höhle,
da entstand seine rinnengefurchte Kehle,
und gleich einer roten Flamme erschien eine Zunge
des Durstes und des Hungers,
und ein sechstes Zeitalter ging vorüber
und ein Zustand schrecklichen Schmerzes.

Erzürnt und von Qual erwürgt,
warf er seinen rechten Arm gen Norden,
seinen linken Arm gen Süden,
sie in tiefer Angst heraustreibend,
und seine Füße stampften den niederen Abgrund
in Zittern und Heulen und Schrecken,

und ein siebentes Zeitalter ging vorüber
und ein Zustand schrecklichen Schmerzes.

In Schrecken schauderte Los vor seiner Aufgabe.
Sein großer Hammer fiel aus seiner Hand,
seine Feuer schauten und verbargen krankend
ihre starken Glieder in Rauch;
denn mit verderblich lauten Getösen,
mit Klirren und Rasseln und Stöhnen
erduldete der Unsterbliche seine Ketten,
obgleich in einen tödlichen Schlaf gebunden.

All die Myriaden der Ewigkeit,
all die Weisheit und Freude des Lebens
rollen gleich einem Meere rings um ihn,
außer was seine kleinen Kreiswölbungen des Blicks
allmählich enthüllen.

Und jetzt war sein ewiges Leben
gleich einem Traum verwischt.

Schaudernd schlug der ewige Prophet
mit einem Schlag aus seinem Norden ins Südreich,
die Blasebälge und Hämmer sind jetzt stumm,
ein nervloses Schweigen ergriff jetzt
      seine prophetische Stimme,

eine kalte Einsamkeit und finstere Leere
verschlossen den ewigen Propheten und Urizen.

Zeitalter auf Zeitalter rollten über sie,
abgeschnitten vom Leben und Licht, erstarrt
zu furchtbaren Formen der Mißgestalt.
Los litt die Abnahme seiner Feuer,
denn er blickte rückwärts mit ängstlicher Begierde,
aber der durch Leben nicht geteilte Raum
schlug Schrecken in seine Seele.

Los weinte, von Trauer verdunkelt,
sein Busen erdbebte von Seufzern,
er sah Urizen in seine Ketten gebunden
tödlich schwarz, und Mitleid begann.

Angstvoll teilend und teilend,
denn Mitleid teilt die Seele,
in Wehen Ewigkeit auf Ewigkeit.
Leben ergoß sich hinab in Stromstürzen
    an seinen Klippen.
Die Leere schrumpfte die Lymphe zu Nerven ein,
die weit am Busen der Nacht wanderten
und einen runden Ball von Blut ließen,
der auf der Leere zitterte.

Also wurde vor dem Todesbilde Urizens
der ewige Prophet geteilt,
denn in veränderlichen Wolken und Finsternis,
in einer winterlichen Nacht, unterhalb
des unermeßlich gestreckten Abgrundes von Los
und jetzt sichtbar, jetzt verdunkelt
die entfernten Visionen den Augen Ewiger,

blut-zitterte der Ball des Lebens,
der sich zu Wurzeln zweigte:
faserig sich auf den Winden krümmend.
Fasern von Blut, Milch und Tränen
in Wehen Ewigkeit auf Ewigkeit.
Endlich wogt, eingekörpert in Tränen und Schreien,
eine weibliche zitternde und bleiche Form
vor seinem tödlichen Antlitz.

Alle Ewigkeit schauderte beim Erblicken
des ersten Weibes, das jetzt getrennt,
bleich wie eine Wolke von Schnee,
wogte vor Los' Antlitz.

Erstaunen, Scheu, Furcht, Bestürzung
versteinern die ewigen Myriaden
bei der ersten jetzt getrennten weiblichen Form,
sie nannten sie Mitleid und flohen.

Breitet ein Zelt um sie aus mit starken Vorhängen,
laßt Stricke und Pflöcke in das Leere binden,
damit Ewige sie nicht mehr sehen können.

Sie begannen Vorhänge der Finsternis zu weben,
sie errichteten breite Säulen um das Leere,
mit goldenen Haken befestigt in den Säulen,
mit unendlicher Arbeit woben die Ewigen
ein Gewebe und nannten es Wissen.

Aber Los sah das Weib und bemitleidete,
er umarmte es, es weinte, es weigerte sich, –
im verdorbenen und grausamen Entzücken
floh es aus seinen Armen, doch er folgte.

Ewigkeit schauderte, als sie den Menschen
auf seinem eigenen geteilten Bilde
Seinesgleichen erzeugend sahen.

Eine Zeit ging vorüber, die Ewigen
begannen das Zelt zu errichten,
als krank Enitharmon
einen Wurm in ihrem Schoß fühlte.

Noch lag er hülflos gleich einem Wurm
im zitternden Schoß,
um ins Leben geformt zu werden.

Alle Tage lag der Wurm auf ihrem Busen,
alle Nächte lag in ihrem Schoß
der Wurm, still wuchs er zu einer Schlange,
mit schmerzhaftem Zischen und Giften
wand sie sich um Enitharmons Lenden.

Aufgerollt in Enitharmons Schoß
wuchs die Schlange, ihre Schuppen abwerfend,
begann mit scharfen Schmerzen
das Zischen sich in einen verletzenden Schrei
    zu verwandeln.
Viele Sorgen und viele schreckliche Wehen,
viele Formen von Fisch, Vogel und Tier
brachten eine Kindesgestalt hervor,
wo ein Wurm vorher war.

Die Ewigen beendigten ihr Zelt,
von diesen dunklen Visionen beunruhigt,
als Enitharmon stöhnend
ein männliches Kind ans Licht hervorbrachte.

Ein Gekreisch lief durch Ewigkeit
und ein gelähmter Schlag
bei Geburt des menschlichen Schattens.
Erde grabend in seinem widerstandslosen Weg

ging aus Enitharmon heulend das Kind
mit wilden Flammen hervor.

Die Ewigen schlossen das Zelt,
sie schlugen die Pfähle, die Schnüre hinab,
sie streckten sie für ein Werk der Ewigkeit.
Los erblickte Enitharmon nicht mehr.

In seinen Händen ergriff er das Kind,
er badete es in Quellen der Sorge,
er gab es Enitharmon hin.

Sie nannten das Kind Orc, es wuchs,
genährt mit der Milch Enitharmons.

Los weckte sie: o Sorge und Pein,
ein schnürender Gürtel wuchs
um seinen Busen, in Schluchzen
barst er den Gürtel entzwei,
wieder folgte ein anderer Gürtel,
bei Tage wurde der Gürtel geformt,
bei Nacht wurde er entzweigebrochen.

Diese auf den Felsen zu einer Eisenkette
hinabfallend, ineinander Gelenk an Gelenk geschlossen.
Sie nahmen Orc zur Spitze eines Berges, –
o, wie Enitharmon weinte, –

sie ketteten seine jungen Glieder an den Felsen
mit der Kette der Eifersucht
unter Urizens todesvollem Schatten.

Die Toten hörten die Stimme des Kindes
und begannen vom Schlafe zu erwachen,
alle Dinge hörten die Stimme des Kindes
und begannen zum Leben zu erwachen.

Und Urizen, mit Hunger begehrend,
von den Gerüchen der Natur gestachelt,
erforschte rings seine Höhlen.

Er formte eine Linie und ein Lot,
um den Abgrund unten zu teilen,
er formte eine teilende Regel.

Er formte Schalen, um zu wiegen,
er formte Meßgewichte,
er formte einen ehernen Quadranten,
er formte goldene Kompasse
und begann den Abgrund zu erforschen,
und er pflanzte einen Garten von Früchten.
Und Los umfaßte Enitharmon
mit Feuern der Prophezeiung
vor dem Blick Urizens und Orcs.

Und sie gebar eine ungeheure Rasse.

Urizen erforschte seine Höhlen,
Berg, Moor, Wüste,
mit einem Ball von Feuer seiner Reise leuchtend,
eine schreckliche Reise, von grausamen Ungeheuer-
    lichkeiten belästigt,
Formen des Lebens auf seinen verlassenen Bergen.

Und seine Welt gebar gewaltige Ungeheuerlichkeiten,
erschreckende, ungläubige, kriechende
Teile des Lebens, Ähnlichkeiten
eines Fußes, einer Hand oder eines Hauptes,
eines Herzens oder eines Auges, verderbliche
furchtbare Schrecken, schwammen sie, sich an Blut ent-
    zückend.
Urizen krankte am meisten,
seine ewigen Schöpfungen erscheinen zu sehen,
Söhne und Töchter der Sorge, auf Bergen
weinend, klagend: zuerst erschien Tiriel,
erstaunt über sein eigenes Leben,
wie ein Mann von einer Wolke geboren, und Utha,
aus den Wassern auftauchend, klagt.

Grodna zerriß die tiefe Erde heulend,
erschreckt: krachen seine unermeßlichen Himmel

gleich dem von Hitze gedörrten Boden, da flammte
Fuzon aus, ersterzeugt, Letztgeborener,
all seine ewigen Söhne in gleicher Art,
seine Töchter aus grünem Kraut und Vieh
aus Ungeheuern und Würmern der Höhle.

In Finsternis verschlossen, erblickte er
seine ganze Rasse, und seine Seele krankte:
er verfluchte beide, Söhne und Töchter, denn er sah,
daß nicht Fleisch und nicht Geist
seine Eisen-Gesetze einen Augenblick halten konnte.

Denn er sah, daß Leben auf dem Tode lebte,
der Ochse im Schlachthause stöhnt,
der Hund an der Winter-Tür,
und er weinte, und er nannte es Mitleid,
und seine Tränen flossen an den Winden hinab.

Kalt wanderte er auf der Höhe, über ihren Städten,
in Weinen und Qual und Schmerz,
und wo er auch in Sorgen wanderte
auf den alten Himmeln,
folgte ein kalter Schatten hinter ihm
gleich einem Spinnengewebe, feucht, kalt und dunkel,
das eine sorgende Seele herauszog.

Bis sich ein finsteres und kaltes Gewebe
durch all das gemarterte Element erstreckte
aus den Sorgen der Seele Urizens,
und das Gewebe ist ein Weib im Keim,
niemand konnte das Gewebe brechen,
    nicht Flügel von Feuer.

So verflochten die Schnüre so verknotet
die Maschen: verflochten
    gleich dem menschlichen Gehirn.

Und alle nannten es das Netz der Religion.

Da fühlten die Bewohner jener Städte
ihre Nerven sich verwandeln in Mark,
und härtende Knochen begannen
in schnellen Krankheiten und Marter,
in Pochen und Stechen und Zerreiben,
durch alle Küsten, bis die Sinne geschwächt
nach innen stürzten und unter dem finsteren Netz
der Ansteckung einschrumpften.
Bis die eingeschrumpften überwölkten Augen
nicht die gewobene Heuchelei unterschieden,
und der streifige Schleim, den in ihren Himmeln
ihre engenden Wahrnehmungen zusammenbrachten,
durchsichtige Luft schien: denn ihre Augen wurden klein

gleich den Menschenaugen. Und sie blieben übrig,
in Formen von Reptilen einschrumpfende
Gestalten von sieben Fuß.

Sechs Tage schrumpften sie vor dem Leben zusammen,
und am siebenten Tag ruhten sie,
und sie segneten den siebenten Tag in kranker Hoffnung
und vergaßen ihr ewiges Leben.

Sie lebten einen Zeitlauf von Jahren,
dann ließen sie einen schädlichen Körper,
den Rachen der zehrenden Finsternis.

Und ihre Kinder weinten und bauten
Gräber an den öden Plätzen
und formten Gesetze der Klugheit und nannten sie
die ewigen Gesetze Gottes.
Und die dreißig Städte blieben,
von salzigen Fluten umgeben, übrig, jetzt Afrika ge-
    nannt,
da war sein Name Ägypten.

Die übrigbleibenden Söhne Urizens
sahen ihrer Brüder zusammenschrumpfen
unter dem Netz Urizens.
Überreden war vergeblich.

Denn die Ohren der Bewohner
waren ausgetrocknet und taub gemacht und kalt,
und ihre Augen konnten nicht ihre Brüder
anderer Städte unterscheiden.

So rief Fuzon alle zusammen,
die übrigbleibenden Kinder Urizens,
und sie verließen die schwebende Erde,
sie nannten sie Ägypten und verließen sie.

Und der salzige Ozean rollte in Kugelgestalt.

AHANIA

I.

Fuzon erhob sich auf einem eisengeflügelten Wagen
auf spitzen Flammen: sein heißes Antlitz
flammte rot, Funken sprühten sein Haar und sein Bart
Nieder an seiner weiten Brust und seinen Schultern,
auf Wolken von Rauch tobte sein Wagen,
und seine Rechte brennt rot in ihrer Wolke
und formt in eine ungeheure Kugel seinen Zorn,
wie der Gewitterstein geformt ist
    aus Urizens schweigendem Brennen.

Sollen wir diesen Dämon des Rauches verehren,
dieses abstrakte Nichtsein, sagte Fuzon,
diesen wolkigen Gott, der über Wassern trohnt,
bald sichtbar, bald verborgen, den König der Sorge?

So sprach er in einer feurigen Flamme,
runzelte unwillig auf Urizen die Stirn
und schüttelte die hocherhobene Kugel des Zorns,
brüllend, mit Wut warf er die heulende Kugel,
brennend flog sie und verlängerte sich
    in einem hungrigen Strahl.
Schnell setzte dem jauchzend geflammten Strahl
Urizen die breite Scheibe entgegen,

die er über das Leere aufhob
viele Meilen.

Sie war in Mühlen geschmiedet, wo der Winter
unaufhörlich schlägt, zehn Winter ertrug die Scheibe,
ohne nachzugeben, den kalten Hammer.

Doch, der starke Arm, der sie sandte,
erinnerte sich des tönenden Strahls;
lachend zerriß er jene gehämmerte Masse:
und hielt seine Richtung
und teilte die kalten Lenden Urizens.

Gräßlich schrie seine unsichtbare Lust,
tief stöhnte Urizen! ausstreckend
seine furchtbare Hand,
ergriff er Ahania (so hieß seine getrennte Seele)
auf seinen Bergen der Eifersucht.
Er stöhnte geängstet und nannte sie Sünde,
küßte sie und weinte über sie,
dann verbarg er sie ins Dunkle, in Schweigen,
eifersüchtig, obwohl sie unsichtbar war.
Sie fiel hinab. Ein matter Schatten,
in Chaos wandernd, um den dunklen Urizen kreisend,
wie der Mond geängstet um die Erde kreist,
hoffnungslos, abscheulich, ein Todesschatten,

unsichtbar, ohne Körper, unbekannt,
die Mutter der Seuche.

Doch Fuzons feuriger Strahl
wurde eine Säule von Feuer für Ägypten,
fünfhundert Jahre auf Erden wandernd.
Bis Los sie ergriff und sie in eine Masse schlug
mit dem Körper der Sonne.

II.

Aber die Stirne Urizens faltete sich,
seine Augen wurden in Angst bleich,
seine Lippen blau und verändert,
unter Tränen und in bitterer Zerknirschung
rüstete er seinen Bogen,

Der aus Rippen geformt war:
die in seiner dunklen Einsamkeit,
als verfinstert in seine Wälder Ungeheuer fielen,
entstanden. Denn seine gräßlich brütenden Gedanken
flossen wie Fluten von seinen Bergen hinab
in Strömen von Schlamm, sich dicht mit Eiern
    unnatürlicher
Zeugung durchsetzend. Sie wurden sogleich ausgebrütet,

und einige heulten auf seinen Hügeln, einige in Tälern,
einige flogen oben in der Luft.

Eine ungeheure furchtbare Schlange
mit Schuppenpanzer und giftigen Hörnern
näherte sich aus ihnen Urizen
nahe bis an die Knie,
als er auf seiner finstergewurzelten Eiche saß.

Mit ihren Hörnern stieß sie rasend vorwärts:
ein großes Zusammenprallen und Eifern
voll kalter Gifte: aber Urizen zerschlug sie.

Zuerst vergiftete er die Felsen mit ihrem Blut,
dann glättete er ihre Rippen und trocknete ihre Sehnen
und legte sie bis zum Winter beiseite.
Dann rüstete er einen schwarzen Bogen,
auf diesen Bogen legte er schweigend einen vergifteten
    Felsen.
Er sprach diese Worte zu dem Bogen:

O Bogen aus den Wolken des Geheimnisses,
o Nerve der Lust, aus der Ungeheuer entstanden,
sende leicht, unsichtbar diesen Felsen ab
durch die schwarzen Wolken auf die Brust Fuzons.
So sprach er. Unter der Qual seiner Wunden

bog er langsam die ungeheuren Rippen,
einen Kreis der Finsternis! Dann setzte er
    die Sehne in ihre Ruhe,
dann legte er den Felsen, den giftigen Quell, kunstvoll
    hinauf,
schwer hob er den gewaltigen Körper,
schweigend liegt der Felsen.

Als Fuzon, seine Tiger lösend,
Urizen erschlagen glaubte durch seinen Zorn,
Ich bin Gott, sprach er, ältestes der Dinge.

Plötzlich singt der Fels. Leicht und unsichtbar
flog er auf Fuzon und trat in seine Brust.
Sein schönes Antlitz, seine Locken,
die den Morgen des Himmels Licht gaben,
waren dunkel zerschlagen, entstellt
und ausgestreckt auf den Rand des Forstes.

Aber der Felsen fiel auf die Erde.
Berg Sinai in Arabien.

III.

Der Erdball bebte. Und Urizen ließ sich nieder.
Auf schwarzen Wolken salbte er seine wehe Wunde,
die Salbe floß auf das Leere nieder,
mit Blut vermischt.
Hier erlangt die Schlange ihr Gift.

Mit Mühe und großer Qual hob Urizen
den toten Körper hoch:
Er trug ihn auf seinen Schultern dahin,
wo ein Baum über das Unermeßliche hing.

Denn als Urizen hinwegschied aus den Ewigen,
saß er auf einem unfruchtbaren Felsen,
einem Felsen, der sich selbst
aus zurückfließenden Phantasien versteinert hatte.

Viele Tränen fielen auf den Felsen,
viele Funken von Leben,
bald entsprang die gequälte Wurzel
des Geheimnisses unter seiner Ferse.

Sie wurde zu einem dichten Baum,
er schrieb schweigend sein Buch von Eisen,
bis die furchtbare Pflanze ihre Äste beugte,

die zu Wurzeln wurden, als sie die Erde fühlten,
und wieder zu vielen Bäumen entsprang.

Erschreckt fuhr Urizen auf, als er sich selbst
rings umschlossen und hoch überdacht mit Bäumen sah.
Er erhob sich, aber die Stämme standen so dicht,
mit Mühe und großer Qual brachte er seine Bücher
alle, außer dem Buch von Eisen,
aus dem trüben Schatten.

Der Baum wächst noch über das Leere,
sich alles ringsum entwurzelnd,
ein unendliches Schmerzenlabyrinth.

Den Leichnam seines Erstgeborenen
nagelte Unzen auf den verfluchten Baum
    des Geheimnisses,
auf die äußerste Spitze dieses Baums
nagelte Urizen den Leichnam Fuzons.

IV.

Die Pfeile der Pest flogen hervor
um den bleichen lebendigen Körper am Baum.

Denn in Urizens Schlummern der Abstraktion
in den unendlichen Zeitaltern der Ewigkeit,
als seine Nerven der Freude schmolzen und hinflossen,
ein weißer See auf dunkler blauer Luft,
in unruhiger Qual und trüber Marter;
bald sich ausdehnend und bald zusammenfließend
dampften droben Dünste
in schädlichen Wolken, die dicht schwebten
über dem gestaltlosen Unsterblichen,
bis versteinerte Qual über die Seen sich krustete
als die Knochen des Menschen, dunkel und fest.

Die Wolken der Krankheit schwebten weit
um den Unsterblichen und hefteten marternd
Krankheit auf Krankheit, Form auf Form
um die sich krümmenden Knochen,
geflügelt strömend in Blut und Qual.

Der ewige Prophet schlägt auf seine Ambosse,
erzürnt in der trostlosen Finsternis
schmiedete er Netze von Eisen ringsum,
und Los warf sie um die Knochen.

Die Formen schmeichelten vergeblich,
einige setzten sich zu Muskeln und Drüsen zusammen,
einige zu Organen des Begehrens und der Wollust,

die meisten blieben auf der gequälten Leere zurück,
das Heer der Schrecken Urizens.

Um den bleichen lebendigen Körper am Baum
flogen vierzig Jahre die Pfeile der Pest.

Klagen und Schrecken und Schmerz
durchlief seine ganze traurige Welt.
Vierzig Jahre fühlten alle seine Söhne und Töchter
ihre Schädel hart werden. Dann erhob sich Asien
in der schwebenden Tiefe.

Sie werden auf der Erde Reptile.

Fuzon stöhnte am Baum.

V.

Die klagende Stimme Ahanias,
die weinende, auf der Leere
und um Fuzons Baum,
fern, in einsamer Nacht
wurde ihre Stimme gehört.
Aber sie hatte keine Form,
doch ihre Tränen fielen aus ewigen Wolken

rings um den Baum.
Und die Stimme rief: Ach, Urizen! Liebe!

Blume des Morgens!
    Ich weine am Rande des Nichtseins,
wie weit ist der Abgrund zwischen Ahania und dir.

Ich liege am Rande der Tiefe,
ich sehe deine dunklen Wolken heransteigen,
ich sehe deine schwarzen Wälder und Flüsse,
eine furchtbare Wüste in meinen Augen,

Weinend. Ich gehe über Felsen,
über Höhlen und durch Täler des Todes,
warum verabscheutest du Ahania
und warfst mich fort von deiner glänzenden Gegenwart
in des Alleinseins Welt.

Ich kann nicht seine Hand anrühren,
nicht auf seinen Knien weinen
    und seine Stimme hören,
nicht seinen Bogen hören, nicht seine Augen sehen
und seine Freude. Nicht seine Tritte hören,
und mein Herz soll nicht laufen
    bei dem lieblichen Schall.

Ich kann nicht die Stelle küssen,
auf die seine glänzenden Füße traten,
aber ich gehe auf den Felsen mit harter Notwendigkeit.

Wo ist mein goldener Palast,
wo mein elfenbeinernes Bett,
wo das Entzücken meiner Morgenstunde,
wo sind die singenden Söhne der Ewigkeit.

Den glänzenden Urizen, meinen König, zu erwecken,
zum Bergespiel sich zu erheben,
zu der Seligkeit ewiger Täler.

Meinen König am Morgen zu wecken:
das Entzücken Ahanias zu umarmen
am Atem seiner offenen Brust,
aus meiner sanften Tauwolke zu fallen
in Schauern des Lebens auf seine Ernten.
Als er meine selige Seele
Söhnen ewiger Freude gab,
als er die Töchter des Lebens lud
in meine Kammern der Liebe.

Als ich Kindlein der Seligkeit auf meinen Betten fand
und Brüste der Milch in meinen Kammern,
angefüllt mit ewiger Saat,

von ewigen Geburten um Ahania gesungen
im süßen Wechsel mit ihren Freuden.

Geschwellt mit Reife und fett und fruchtbar
barst ich auf den Winden meine Düfte,
meine reifen Feigen, meine reichen Granaten,
in Kindesfreude saß ich zu deinen Füßen, o, Urizen,
    und scherzte und sang.

Dann schrittst du mit deinem Schoß voll Samen,
mit deiner Hand voll großmütigen Feuers
hervor aus den Wolken des Morgens,
auf die Jungfrauen des springenden Jubels,
auf die menschliche Seele den Samen
ewigen Wissens zu werfen.

Der Schweiß goß an deinen Tempeln hinab,
als du des Abends zu Ahania zurückkehrtest,
der Samen erweckt zur Geburt
meine Mutterfreuden, die in Seligkeit schliefen.

Aber jetzt bin ich allein über Felsen, Bergen.
Verworfen vor deiner lieblichen Brust.
Grausame Eifersucht, selbstische Angst,
selbstzerstörende. Wie kann sich Freude
in diesen Ketten der Finsternis erneuern,

wo die Gebeine von Tieren verstreut liegen
auf den bleichen und schneeigen Bergen,
wo die Knochen von der Geburt her begraben sind,
ehe sie das Licht erblickten.

EUROPA

VORSPIEL

Das namenlose dunkle Weib
    erhob sich aus Orcs Brust,
sie schwang ihr Schlangenhaar
    in den Winden Enitharmons,
und also war ihr Ruf:

O, Mutter Enitharmon,
    wirst du andere Söhne hervorbringen,
dann wirst du meinen Namen verschwinden machen,
    daß mein Platz nicht gefunden werden kann,
denn ich bin wie die finstere Wolke,
    entlastet am Tage schrecklichen Donners,
matt vom Wandern.

Meine Wurzeln sind
    in die Himmel geschwungen,
meine Früchte wogen, schäumen,
    arbeiten ins Leben unten in Erde,
zuerst geboren und zuerst verzehrt,
verzehrt und verzehrend
dann, warum solltest du mich
    zum Leben bringen.
Ich winde meinen Turban dichter Wolken
    um mein arbeitendes Haupt,

ich hülle die flachen Wasser
    wie einen Mantel um meine Glieder,
noch regnen die rote Sonne und der Mond
    und all die überfließenden Sterne
fruchtbare Qualen hinab.

Unwillig blicke ich zum Himmel!
    Unwillig zähle ich die Sterne,
im bodenlosen Abgrund
    meines unsterblichen Schreines sitzend,
ich ergreife ihre brennende Macht,
bringe hervor heulende Schrecken,
    alles verschlingende feurige Könige.

Verschlingend und verschlungen schweifen sie
    auf finstern und öden Bergen,
in Wäldern ewigen Todes,
    in hohlen Bäumen kreischend,
o, Mutter Enitharmon,
stampfe nicht mit fester Form
    dieses kräftige Geschlecht der Feuer.

Aus meinem gebärenden Busen bringe ich Myriaden
    Flammen hervor,
und du stampfst sie mit einem Siegel,
    da schweifen sie weit umher

und lassen mich leer als Tod,
ach, ich bin ertrunken im wesenlosen Schmerz
    und in eingebildeter Freude.

Und wer soll das Unendliche
    mit einer ewigen Fessel binden,
wer es umschlingen mit Windelbändern,
und wer soll es pflegen mit Milch und Honig;
ich sehe es lächeln, und ich rolle einwärts,
    und meine Stimme ist vorüber.
Sie schwieg und rollte ihre schattenden Wolken
    zum geheimen Ort.

EUROPA

Die Tiefe des Winters kam,
zu welcher Zeit das geheime Kind herabstieg
durch die Sonnaufgangstore des ewigen Tags;
Krieg hörte auf, und all die Truppen
    flohen wie Schatten zu ihren Aufenthalten.
Da sah Enitharmon rings
    ihre Söhne und ihre Töchter erscheinen,
gleich perligen Wolken
    begegnen sie einander im kristallenen Hause,

und Los, Besitzer des Mondes,
 entzückte sich in der friedlichen Nacht,
indem er also sprach, während seine zahlreichen Söhne
 ihre glänzend feurigen Flügel schüttelten:

Wieder ist die Nacht gekommen,
zur Ruhe ging Urthona, der Starke;
und Urizen, aus Ketten erlöst,
glüht wie ein Feuerkörper im fernen Nord,
streckt hervor eure Hände und schlagt die Ursaiten,
weckt die Donner der Tiefe,
weckt die gellen Winde,
bis all die Söhne Urizens ausblicken und Los beneiden:
ergreift all die Geister des Lebens und bindet
ihre zwitschernden Freuden an unsere lauten Saiten,
bindet all die ernährenden Süßen der Erde,
daß sie uns Seligkeit geben, daß wir den funkelnden
 Wein von Los trinken können
und laßt uns über Krieg lachen,
indem wir Mühe und Sorge verachten,
weil die Tage und Nächte des Entzückens sich erneuern
 in glücklichen Stunden.
Stehe auf aus deiner tiefen Höhle, o, Orc!
Enitharmons Erstgeborener erscheine,
und wir wollen dein Haupt krönen
 mit Gewinden roten Weins,

denn du bist nun gebunden,
und ich kann dich sehen, mein Ältestgeborener,
    in seliger Stunde.

Der schreckliche Dämon erhob sich,
    umgeben von roten Feuersternen,
die umherwirbelten in wütenden Kreisen
    um den unsterblichen Unhold.

Da stieg Enitharmon hinab in sein rotes Licht,
und ihre Stimme erhob sich also zu ihren Kindern,
    die fernen Himmel antworten!

Nun kommt die Nacht des Entzückens
    von Enitharmon,
wen werde ich rufen, wen werde ich senden,
damit das Weib, liebliches Weib, Herrschaft haben soll.
Erhebe dich, o, Rintrah, dich rufe ich
    und Palamabron dich.
Geh, sage der menschlichen Rasse,
    daß Weibesliebe Sünde ist,
daß die Würmer von sechzig Wintern
    ein ewiges Leben erwartet
an einem bildlichen Ort,
    wohin niemals Dasein kam,

verbiete alle Freude, und aus ihrer Kindheit
    soll das kleine Weib
Netze breiten in jedem Pfad.

Erhebe dich, o, Rintrah, Ältestgeborener,
    keinem der Zweite als Orc,
o, Löwe Rintrah, entfache deine Wut,
    aus deinen schwarzen Wäldern
bring Palamabron, gehörnter Priester,
    springend auf den Bergen,
und die schweigende Elyaittria,
    silberbogige Königin,
wo hast du deine Braut verborgen, Rintrah,
weint sie in verlassenen Schatten?
Ach, mein Rintrah,
    bringe die lieblich eifersüchtige Ocalythron.

Stehe auf mein Sohn! bringe all deine Brüder,
    du König des Feuers,
ich sehe dich, Fürst der Sonne,
    mit deiner unzähligen Rasse,
dicht wie die Sterne des Sommers,
doch jeder schüttelt springend seine goldene Mähne,
und deine Augen entzücken sich,
    weil sie stark sind, o, Rintrah. wütender König.

Enitharmon schlief
achtzehnhundert Jahre, der Mensch war ein Traum,
die Natur Nacht und ungeschlagen ihre Harfen,
sie schlief mitten in ihrem nächtlichen Sang
achtzehnhundert Jahre den Traum eines Weibes.

Menschliche Schatten,
    in fliehenden Scharen auf den Winden,
teilen Europas Himmel,
bis der Engel Albions,
    geschlagen von seinen eignen Plagen,
mit seinen Heerzügen floh,
die Wolke liegt dicht auf Albions Küste,
erfüllt mit unsterblichen Dämonen der Zukunft:
Albions geschlagene Engel versammeln sich im Rat,
schwer liegt die Wolke auf dem Hause des Rats:
    hinabstürzend
auf die Häupter der Engel Albions.

Sie liegen eine Stunde unter den Trümmern
    jener Halle begraben,
aber als die Sterne sich erheben aus dem Salzsee,
    stehen sie in Qual auf
in aufgerührten Nebeln, überwölkt von den Schrecken
    kämpfender Zeiten.

In beunruhigten Gedanken erhoben sie sich
    von den glänzenden Trümmern
und folgen schweigend dem feurigen König.
    Er suchte seinen alten schlangengeformten Tempel,
dessen schattige Länge
    sich die weiße Insel entlang streckt.

Um ihn rollten seine Wolken des Kriegs,
    schweigend ging der Engel
entlang die unendlichen Ufer der Themse
    zum goldenen Verulam;
dort stehen die ehrwürdigen Hallen,
    die sich hoch-türmend aufrichten,
ihre Eiche umgaben Säulen, geformt
    von massigen Steinen, die kein Gerät schnitt:
köstliche Steine, solche ewig in den Himmeln
    von zwölf Farben auf Erden wenig bekannt,
geben in dem undurchsichtigen Licht,
    in die Ordnung der Sterne gesetzt
als die fünf Sinne in Sündflut
    über den erdgeborenen Menschen schwemmten,
da wandten sich die fließlichen Augen
    in zwei feststehende Kreisgewölbe,
die alle Dinge zusammenziehen, die immer
    wechselnden Schneckenhaus-Aufstiege
    zu den Himmeln der Himmel

wurden abwärts gebogen: und die goldenen Türen
    der Nüstern, geschlossen,
kehrten sich nach außen, verriegelt und versteinert ge-
    gen das Unendliche.
Gedanke veränderte das Unendliche in eine Schlange,
    jenes, was bemitleidet,
in eine verschlingende Flamme: und der Mensch floh
    vor ihrem Antlitz
und verbarg sich in Wäldern der Nacht:
    da wurden all die ewigen Wälder geteilt
in rollende Erden, in Kreise des Raums,
    der gleich einem Ozean rauschte
und alles überschwemmte außer
    dieser endlichen Mauer von Fleisch.
Da wurde der Schlangen-Tempel geformt,
    ein Bild des Unendlichen,
wurde verschlossen in endliche Umdrehungen,
    und der Mensch wurde ein Engel,
der Himmel ein mächtiger drehender Kreis, Gott zu ei-
    nem gekrönten Tyrannen.
Jetzt gelangte der alte Hüter
    zu der südlichen Halle,
die dicht mit Bäumen schwärzesten Blatts
    bepflanzt war
und in ein dunkles Tal
    den Stein der Nacht einschloß.

Schräg stand er, überhangen mit Purpurblumen
    und roten Beeren,
Bild jenes süßen Südens,
    der sich einst den Himmeln öffnete
und auf den menschlichen Nacken
    gehoben wurde,
jetzt mit Haar überwachsen
    und bedeckt mit einem steinigen Dach.
Abwärts ist er gesunken
    unter den anziehenden Norden,
daß ein rasender Strudel den schwindeligen Frager
    um seine Füße in sein Grab zieht.

Albions Engel erhob sich
    auf dem Stein der Nacht,
er sah Urizen am Atlantic,
und sein erzenes Buch,
das Könige und Priester auf Erden
    abgeschrieben hatten,
ausgebreitet von Norden nach Süden.
Und die Wolken und Feuer rollten bleich umher
    in der Nacht Enitharmons
um Albions Klippen und Londons Mauern,
    noch schlief Enitharmon,
Windungen grauen Nebels umhüllen rollend
    Kirchen, Paläste, Türme,

denn Urizen öffnete sein Buch!
  er nährte seine Seele mit Mitleid.

Die Jugend Englands, verborgen in Trübnissen,
  fluchte den gequälten Himmeln,
gezwungen, in der tödlichen Nacht
  die Form des Engels von Albion zu sehen,
ihre Eltern brachten sie hervor,
  und alte Unwissenheit predigt winselnd
auf einem gewaltigen Felsen, wahrgenommen von jenen
  Sinnen, die vor dem Gedanken verschlossen sind,
bleich, finster, schroff steht er
  und überschattet London,
sie sahen seine knöchernen Füße auf dem Fels,
  das Fleisch in Dämpfe verzehrt,
sie sahen den Schlangen-Tempel hoch erhoben,
  die weiße Insel beschattend,
sie hörten die Stimme von Albions Engel
  heulend in den Flammen Orcs,
indem er die Trompete
  des letzten Urteilsspruchs suchte.

Lauter und lauter wurde über Allem
  das Geheul aus Westminster gehört,
der Wächter der geheimen Gesetzbücher
  verließ seinen alten Sitz,

durch die Flammen Orcs vertrieben,
seine Pelztalare und falschen Locken
verklebten und wurden Eins mit seinem Fleisch,
und Adern und Nerven durchzogen sie;
krank von schrecklicher Marter,
hängend auf dem Winde, floh er,
längs Great George Street kriechend, –
durchs finstere Parktor
flohen all die Soldaten vor seinem Anblick.
Er schleppte seine Martern zur Wüste.

Also war das Geheul durch Europa,
denn es entzückte Orc,
die heulenden Schatten zu hören,
aber Palamabron schoß seine Blitze,
die an seinem weiten Rücken hinabgruben,
und Rintrah hing mit all seinen Heeren
in der unteren Tiefe

Enitharmon lachte in ihrem Schlaf, als sie sah
(o Weibes Triumph!).
Jedes Haus war eine Höhle, jeder Mann war gebunden,
die Schatten waren gefüllt
mit Erscheinungen und die Fenster
überwebt mit Flüchen von Eisen,

über die Türen ist geschrieben: Du sollst nicht
    und über die Schornsteine Furcht.
Die Bürger sind um ihren Nacken
    mit Fesseln von Eisen in die Mauern befestigt,
in bleiernen Handschellen
    wandern schwer die Bewohner der Vorstädte,
sanft und gebeugt sind die Knochen der Dörfler.

Zwischen den Wolken Urizens
    rollen schwer die Flammen Orcs
um die Glieder des Wächters
    und verzehren sein Fleisch,
heulen und zischen, kreisen und stöhnen,
    und Stimmen der Verzweiflung
erheben sich um ihn
    in den wolkigen Himmel Albions.
Wütend ergriff der rotgliedrige Engel
    in Entsetzen und Marter
die Trompete des letzten Urteils: aber er konnte nicht
    das eiserne Rohr blasen;
dreimal setzte er an, vermessen die Toten zum Gericht
    zu erwecken.
Ein mächtiger Geist lief aus dem Lande Albions,
sein Name Newton: er ergriff die Trompete
    und blies den ungeheuren Schall,

gelb wie Blätter des Herbstes
    fielen die Myriaden angelischer Scharen
durch die winterlichen Himmel.
    Sie suchten ihre Gräber,
ihre hohlen Knochen rasselten in Heulen und Klagen.

Da erwachte Enitharmon und wußte nicht,
    daß sie geschlafen hatte,
und achtzehnhundert Jahre waren geflohen,
wie wenn sie nicht gewesen wären.
Sie rief ihre Söhne und Töchter
zu den Spielen der Nacht
in ihrem kristallenen Hause,
und also ging ihr Gesang hervor:

Stehe auf, Ethinthus, obgleich der Erdwurm ruft,
laß ihn vergebens rufen,
bis die Nacht heiliger Schatten
    und menschlicher Einsamkeit vorüber ist.
Ethinthus, Königin der Wasser,
    wie du scheinst im Himmel,
meine Tochter, wie entzücke ich mich!
    denn deine Kinder scharen sich rings
gleich den munteren Fischen auf der Welle,
    wenn kalter Mond den Tau trinkt.

Ethinthus, du bist süß wie Erquickung
    meiner verzagenden Seele,
denn nun murmeln deine Wasser
    um die Füße Enitharmons.
Manatha-Varcyon, ich schaue dich
    in meinen Hallen, flammend
Licht deiner Mutter Seele!
    ich sehe deine lieblichen Adler umher:
mein Entzücken sind deine goldenen Flügel
    und deine Flammen sanften Täuschens.

Wo ist mein lockender, edenischer Vogel,
    Leutha, schweigende Liebe!
Leutha, auf deinen Flügeln
    entzückt der vielfarbige Bogen,
sanfte Seele von Blumen – Leutha!
Süße lächelnde Pest!
    ich sehe dein errötendes Licht,
deine Töchter drehen sich,
    viel sich ändernd,
gleich süßen Gerüchen hinansteigend,
    o, Leutha, seidene Königin.

Wo ist der junge Antamon,
    Prinz des perligen Taus!

O, Antamon, warum willst du
    deine Mutter Enitharmon verlassen?
Ich sehe dich allein, kristallene Gestalt,
du fließest auf dem Busen der Luft,
mit Linien befriedigten Verlangens,
mein Antamon, Leuthas sieben Kirchen
    suchen deine Liebe.
Ich höre die sanfte Oothoon
    in Enitharmons Zelten.
Warum willst du Weibes Verborgenheit aufgeben,
    mein schwermütiges Kind,
zwischen zwei Augenblicken ist Seligkeit reif,
o, Theotormon, von Freude geraubt,
    ich sehe deine salzigen Tränen
hinab an den Stufen
    meines kristallenen Hauses fließen.

Sotha und Thiralatha, verborgene Bewohner
    traumesvoller Höhlen,
erhebt euch und ergötzt den schrecklichen Unhold
    mit euren tönenden Sängen,
stillt all eure golden gehäuften Donner
    und bindet eure schwarzen Rosse.
Orc, lächle auf meine Kinder,
lächle, Sohn meiner Bekümmerungen.

Stehe auf, o, Orc? und gib deines roten Lichtes Freude
    unseren Bergen.

Sie hörte auf, denn alle waren hervor beim Spiel
    unter dem feierlichen Mond,
die Sterne Urizens weckend
    mit ihren unsterblichen Sängen.
Daß Natur durch all ihre Poren
    die ungeheure Nachtschwärmerei fühlte,
bis der Morgen das östliche Tor öffnete;
da floh jeder an seinen Stand,
    und Enitharmon weinte.

Doch der furchtbare Orc sprang,
    als er den Morgen im Ost schaute,
von den Höhen Enitharmons,
und in des roten Frankreich Weingärten
    erschien das Licht seiner Wut.

Die Sonne glühte feurig rot,
die wütenden Schrecken flogen umher,
rasend auf goldenen Wagen mit roten Rädern,
    tropfend von Blut.
Die Löwen peitschen ihre zornigen Schweife.
Die Tiger lagern auf dem Raub
    und saugen die rote Flut,

und Enitharmon stöhnt und ruft
    in Angst und Schrecken.

Da erhob sich Los, er richtete sein Haupt auf,
    gekleidet in Schlangen-Donner,
und mit einem Schrei, der alle Natur erschütterte
    bis zum äußersten Pol,
rief er all seine Söhne zu dem Kampf des Bluts.

LOS UND
ENITHARMON

Es gibt von Ewigkeit her
    eine sanfte und friedliche Ruhe,
die Beulah heißt, ein sanftes Mondweltall,
    weiblich und lieblich,
rein, mild und zart, in Gnade Allen,
    die schlafen, geschenkt.
Die Töchter Beulahs folgen den Schläfern
    in ihren Träumen nach,
Räume schaffend, daß sie nicht
    in ewigen Tod fallen.

    –

Eno, eine Tochter Beulahs,
    nahm einen Augenblick der Zeit
und zog ihn aus zu 7000 Jahren,
    mit vieler Sorge und Trauer
und vielen Tränen,
    und des Abends taten Jahre Fenster in Eden hinein.
Sie nahm auch ein Atom des Raums
    und öffnete seinen Mittelpunkt
hinaus ins Unendliche und schmückte ihn
    mit wunderbarer Sorgfalt.

    –

In den Mondräumen Enos lebten froh
    Los und Enitharmon.

Neun Zeiten lebten sie
    zwischen den Wäldern, von Früchten zehrend,
und neun glänzende Räume wanderten sie,
    Labyrinthe webend von Freude,
und fingen wilde Ziegen zur Milch.
    Wir essen das Fleisch vom Lamme,
ein Mann und ein Weib nackt und rot
    wie der Stolz des Sommers.

Abwechselnd erfüllen die Brust,
    die seine, Liebe und Hass,
die ihre Verachtung und Eifersucht
    in unentwickelten Leidenschaften,
sie küßten sich nicht,
    noch umarmten sie sich aus Scham.
Er zählte die Zeiten und Jahreszeiten
    und Tage und Jahre,
sie zählte die Räume, die Länder,
    Wüste, Fluß, Wald,
hatte aber nicht die Macht,
    den Schleier zur Decke ihrer Sünden zu weben.
Sie vertrieb von Los die Frauen,
    Los von ihr die Männer.

Sie wanderten lange, bis sie
    auf dem umuferten Meer saßen,

in den Visionen Beulahs sprechend,
 in dunkler schlafender Seligkeit.
Aber der feurige prophetische Knabe Tharmas
 kam und sagte:
Dein Name ist Enitharmon.
 Während deine sanfte Stimme all diese Höhlen
mit süßem Wohllaut erfüllt,
 sieh, wie meine Eltern wehklagen.

Doch Enitharmon antwortete
 mit einer fallenden Träne und Stirnrunzeln,
dunkel wie ein Nebelmorgen,
 wenn das karmesinene Licht erscheint –
wir hören die kriegerischen Flöten,
 wir sehen die brennenden Speere,
aber du ruhst gleichgültig
 und hältst mich in Banden.
Höre, ich will dir
 einen Gesang des Todes singen:

Luvah ergriff die Pferde des Lichts
 und erhob sich im Wagen des Tags.
Süßes Lachen erfaßte mich im Schlaf,
 stummes, verborgenes Lachen.
Denn ich wandelte in den Visionen Valas
 mit dem Gewaltigen.

Ich hörte ihn unter den Zweigen
    und süßen Blumen rufen:
Warum ist das Licht Enitharmons
    im Nebelmorgen verfinstert,
warum ist das Schweigen Enitharmons
    eine Wolke, ihr Lächeln ein Wirbelwind.
O, wirst du ihn mit Tod schlagen,
    der sich selbst dir gibt,
jetzt zum Spiel und Vergnügen des Mannes geboren,
    um all seine Kräfte aufzutrinken.
Ich hörte das Meer tönen,
    ich hörte schwächer und schwächer rufen,
der Ruf kam und ging wie ein Traum:
    ich erwachte in meiner Seligkeit.

Dann schlug Los sie auf die Erde;
    es dauerte lang', eh' sie auflebte.
Er antwortete, er wurde jetzt dunkel vor Unwillen,
    verborgen in Lächeln.

Ich sterbe nicht, Enitharmon,
    obgleich du deinen Todesgesang singst,
und du sollst mich nicht martern,
    denn ich schaue den gefallenen Menschen.
Krank liegt der gefallene Mensch,
    das Haupt krank, das Herz matt,

den Anblick des göttlichen Bildes verweigernd,
    das alle sehen
und dadurch leben, –
    er ist in einen tödlichen Schlaf versunken.

Aber wir, in unserer eigenen Stärke unsterblich,
    überleben
durch strenges Urteilen,
    bis wir das Lamm Gottes
in eine sterbliche Form
    gezogen haben.
Und, daß er geboren werden muß, ist gewiß,
    denn Einer muß Alle sein
und in sich alle Dinge begreifen,
    große und kleine.
Wir wollen deshalb, um Deswillen alle Dinge zu sein
    und zu leben verlangen,
also das göttliche Bild aufnehmen.

Ich sehe das unsichtbare Messer
    herabsteigen,
ich sehe die Schauer von Blut,
    ich sehe die Schwerter
und Speere der Zukunft.
    Obgleich wir im Gehirn des Menschen
und in seinen umkreisenden Nerven leben,

obgleich aller unserer Freuden Welt
    im menschlichen Gehirn ist,
wo Urizen und alle seine Gäste
    ihre unsterblichen Lampen aufhängen,
sollst du doch diese kalte Ausdehnung
    niemals verlassen.

So Los. Auf Enitharmon erhob sich
    Verachtung und Empörung.
Dann streckte, wild errötend,
    Enitharmon ihre unsterblichen Hände aus:
Steige nieder, o, Urizen,
    steige nieder mit Pferd und Wagen.
Drohe mir nicht, o, Visionär,
    das sei die Strafe,
die menschliche Natur soll nicht bleiben
    und keine menschlichen Taten
sollen rebellische Geister des Himmels
    formen,
sondern Krieg und Herrschaft,
    Sieg und Blut.

Es dunkelte nächtlich, als sie sprach,
    ein Schauder lief von Osten nach Westen,
ein Stöhnen auf den Höhen.
    Die Kriegsflöte hielt auf,

Ewigkeit stöhnte
    und wurde unruhig bei dem Bilde ewigen Todes.

Urizen stieg herab, unwillig leise
    Donner murmelnd,
dunkel-tönend:
    jetzt bin ich Gott.
Jäh saß Los, Rache schmiedend.
    Schweigend maß er den Fürsten
des Lichts, schweigend der Fürst des Lichts Los.
Zuletzt brach aus Urizen ein Lächeln,
    denn es glänzte Enitharmon mehr.
Senkte sich plötzlich auf Enitharmon,
    aber er lächelte auf Los
und sagte:
    Du bist Luvahs Herr,
ich gebe in deine Hände
    den Fürsten der Liebe,
den Mörder,
    seine Seele ist in diesen Händen.
Sieh diese gestirnten Scharen,
    sie sind deine Diener,
wenn du meinem furchtbaren Gesetz
    gehorchst.
So sprach der Fürst
    und saß neben Los' Sitz,

auf dem sandigen Ufer
    hielt sein Feuerwagen.
Los antwortete: –
    Bist du einer von denen,
die am lieblichsten tun, wenn sie das größte Unheil
    vorhaben.
Wenn du so bist,
    sieh, ich bin auch so.
Einer muss Herr sein.
    Versuche deine Kunst.
Urizen stand erstaunt,
    aber nicht lange. Rief bald:
Gehorche mir junger Dämon,
    ich bin Gott!
So Urizen, in sich selbst gesammelt
    in furchtbarem Stolz.
Sieh, ich bin Gottt.
    Der Vernichter und nicht der Heiland.
Warum sollte die göttliche Vision
    die Menschensöhne bewachen,
daß sie ihnen ihre freie Freude verbietet,
    daß sie Krieg führen
gegen ihre Erscheinungen.
    Die Erscheinung ist der Mensch.
Alles Übrige ist nur Täuschung
    und Einbildung.

Zehntausend
    waren seine Geisterscharen,
zehntausend seine schimmernden Wagen,
    die im Himmel schienen.
Sie ergießen sich auf das goldene Ufer,
    neben dem stummen Ozean,
bis Erde ihre weite Tafel
    hervorbreitete.
Die Nacht, ein Silberbecher,
    gefüllt mit dem Wein der Angst,
wartete beim goldenen Fest.
Aber die glänzende Sonne
    war noch nicht wie einst.
Sie, die all die Weite erfüllt,
    schlief wie ein Vogel
in der blauen Wölbung,
    die bald hinwegbrechen wird.

Los sah die Wunde seines Schlages:
    er sah, bemitleidete, weinte.
Er bereute jetzt, Enitharmon
    geschlagen zu haben.
Er fühlte Liebe
    in all seinen Adern steigen.
Er warf seine Arme
    um ihre Lenden,

um die Wunde seines Schlages
    zu heilen.
Sie essen das Brot des Fleisches,
    sie tranken den nervigen Wein,
sie horchten den Urharfen und
    dem sphärischen Sange,
sie schauten den tanzenden Stunden zu,
    wie sie rasch durch den Himmel spielten
in den Kreisen
    ihrer strahlenden Flügel, und Wonne
durch den ewigen Wandel
    des Lichts ausstrahlend.

Im blutigen Himmel,
    hoch oben allein gelassen,
verlassen in wilder Eifersucht,
    standen Luvah und Vala.
Hinabsteigen konnten sie nicht,
    noch von einander ihre Augen abkehren.
Ewigkeit erschien als ein Mensch,
    eingehüllt
in die Blutkleider Luvahs,
    über ihnen,
und trug
    all seine Schmerzen,

wie die Sonne auf die neblige Erde
    durchscheinend,
also war die Vision.

Aber purpurne Nacht
    und karmesinener Morgen
und goldener Tag stiegen
    durch die klar werdende Lufthülle herab
und breiteten grüne Felder
    zwischen den wandelnden Wolken
paradiesisch
    durch die Weiten aus,
mit Städten und Dörfern
    und Tempeln,
Zelten, Schafherden
    und Weiden,
wo die Kinder der Elemente
    einig wohnen.
Aber nicht lange
    wohnen sie so.
Ihr Leben wird ihnen entzogen
    und Winterschmerzen folgen,
allmählich ins Leere getrieben,
    allmählich ins goldene Fest.

Und Los und Enitharmon saßen
    unzufrieden und verachteten.
Der Hochzeitsgesang erhob sich
    von all den tausend, tausend Geistern
über die freudenvolle Erde und das Meer
    und stieg hinauf in den Himmel,
denn Elementargötter bliesen
    ihre donnernden Organe
und schufen
    entzückende Speisen.
Glänzende Seelen aus des Pflanzenlebens
    Knospen und Blühen
strecken ihre Hände aus,
    um die Gold- und Silbersaiten zu schlagen
mit lauten Stimmen,
    und laute gewundene Hörner hallen wieder.
Höhlenwohner füllen den ungeheuren Zug,
    sie antworten,
und flammende Feuergeister leiteten
    oben den gewaltigen Gesang.
Und dies ist der Gesang,
    beim Feste von Los und Enitharmon gesungen.

Der Berg rief aus zum Berg,
    erwache, o, Bruder Berg!

Der Strom,
    rot vom Blut der Menschen,
schwillt lustvoll
    um meine Felsenknie,
meine Wolken sind nicht die Wolken
    von grünen Feldern
oder Fruchthainen,
    sondern Wolken von Menschenseelen.
Die Dörfer wehklagen,
    matt auf die Ebene ausgestreckt,
Wehklagen läuft aus Mühle und Scheuer
    um die Täler,
und am meisten aus den glatten Palästen,
    die sich finster und schweigend beugen
und ihre Bücher und Gemälde
    unter die Erde verbergen.
Die Städte senden einander
    die Losung:
Meine Söhne sind wahnsinnig
    vom Wein der Grausamkeit.
Einst wurde das Kind
    mit Milch genährt,
aber warum jetzt mit Wein und Blut?

Enion, blind und altersgebeugt,
    weinte einsam:

Warum ruft der Rabe laut
    und kein Auge erbarmt sich Sein,
warum fallen Sperling und Rotkehlchen
    im nahrungsarmen Winter,
matt, schaudernd, sitzen sie
    auf laublosem Busch oder starrem Stein,
ermüdet von der Nahrungssuche
    über die Schneewüste,
das kleine Herz kalt,
    die kleine Zunge abgestorben,
die einst in gedankenloser Freude
    den um sein Nest wogenden Kornfeldern
Gesänge der Dankbarkeit gab.
    Warum heulen Löwe und Wolf?
Betrogen durch die Glut des Sommers,
    spielen sie in ungeheurer Liebe
und werfen ihre Jungen
    in die hungrigen Winde und öden Wüsten.
Warum ist das Schaf
    dem Messer gegeben?
Das Lamm spielt in der Sonne.
    Es hält an.
Es hört den Fuß des Menschen.
    Es sagt:
Nimm meine Wolle,
    doch schone mein Leben:

aber es weiß nicht,
daß Winter schnell kommt.
Die Spinne sitzt in ihrem gewirkten Nest,
aufmerksam auf die Fliege wachend.
Jetzt kommt ein ausgehungerter Vogel
und nimmt die Spinne weg.
Ihr Gewebe ist ganz verlassen,
das sein kleines ängstliches Herz
so sorgfältig wob, und das sie
seufzend und mühselig ausbreitete.
Dies war Enions Klage
um das goldene Zelt.
Ewigkeit stöhnte und wurde
bei dem Bilde ewigen Todes unruhig.
—

Und Los und Enitharmon wurden herabgetrieben
durch ihre Wünsche,
auf dem Winde stiegen sie nieder,
zwischen sanften Harfen und Stimmen.
Sie schritten
auf der tauigen Erde weiter,
all ihre biegsamen Sinne
zusammenziehend oder ausdehnend,
um nach Wunsch in den Blumen
klein wie die Honigbiene zu murmeln,

um nach Wunsch über die Himmel
    und von Stern zu Stern zu treten,
oder auf der Erde aufrecht zu stehen,
    oder auf den stürmischen Meeren
die Stürme vor sich her zu treiben,
    oder in entzückenden Strahlen sich zu sonnen,
während um ihre Häupter
    die Götter der Elemente Eintracht hielten.

Und Los sagte Sieh, die bleiche Lilie
    und die wilde rote Rose
machen dir Vorwürfe, und der strahlenvolle Garten
krankt bei deine Schönheit, ich greife dein Gewand
in meinen starken Hände vergebens, wie Wasser,
das in den glänzenden Sand von Los springt, entgehst
    du meinen Armen.
So wandere ich allein unter den Jungfrauen
    des Sommers.
Siehe, sie rufen, der arme, verlassene Los,
    verspottet vom Wurm
und von der Muschelschnecke
    und von Ameise und Käfer,
horch, sie lachen und spotten über Los.

Sicher jetzt vor den Schlägen deiner Gewalt,
    Dämon der Wut,

antwortete Enitharmon.

Wenn der Gott entzückt mich einhüllt
in Wolken süßen Dunkels meine schöne Gestalt auflöst,
heule du über dem Körper des Todes. Der ist dein.
Aber wenn ich je unter den Visionen des Sommers
    dich schlafen sah
und deine Wange entzückt auf die Rose
    oder bleiche Lilie legte,
oder auf eine Bank,
    wo die strahlenden Töchter des Lichts schlafen,
auffahrend fliehen sie
    vor deiner wilden Liebe.
Denn, bin ich auch aufgelöst
    in den glänzenden Gott,
verfolgt mein Geist noch deine falsche Liebe
    über Felsen und Täler.

Los antwortete: Daher, wenn ich so welke,
    aufgelöst in hingerissener Verzückung,
kannst du auf den Wolken
    des Geheimnisses ruhen,
indes über meine Glieder
    kalter Tau und grauer Frost kriechen,
obgleich ich auf den Bänken des Sommers,
    unter den Zweigen der Welt liege.

Kalt und sich grämend
    stirbt Los noch für Enitharmon
und nicht ein Geist entspringt
    aus meinem toten Leib,
dann bin ich tot. Bis du mich wiederbelebst
    mit deinem süßen Sang.
Jetzt nimmst du die Form von Ahania an
    und jetzt die Form Enions,
ich kenne dich nicht,
    wie einst ich dich kannte,
in jenen gesegneten Gefilden,
    wo die Erinnerung zu ruhen wünscht.

Enitharmon antwortete:
    Warum schlingst du deine Arme
um Ahanias Bild? Ich täuschte dich
    und will noch täuschen.
Urizen sah deine Sünde
    und verbarg seine Strahlen in finsteren Wolken.
Ich wache noch, aber ich zittere
    und vergehe über den Himmeln
in den starken Schwingungen wilder Eifersucht,
    denn du bist mein,
zu meinem Willen geschaffen, mein Sklave,
    obgleich du stark, obgleich ich schwach.

Lebe wohl, der Gott ruft mich,
    ich scheide in meine Seligkeit.
Sie floh und schwand auf dem Winde
    und ließ einen toten kalten Körper
in Los' Armen.
    Heulen begann über dem Toten.

Los sprach:
    Dein Gott soll dich vergebens rufen,
wenn ich meine große Rache
    in seine glühende Brust einflößen kann.
Da soll Eifersucht
    all seine Berge umdüstern
und Ahania dich verfluchen,
    du Plage des schmerzvollen Los.
Mit solchen Worten, im tiefen Schluchzen,
    wurde er matt bis auf den Tod.
Er fiel,
    und Nacht ging vorüber,
und vor Tagesanbruch kehrte Enitharmon
    in Seligkeit zurück.
Sie sang über Los, um ihn zum Leben zu wecken,
    sein Stöhnen war furchtbar.

Und also sang sie: Ich ergreife die sphärische Harfe,
    ich wecke die Saiten!

Beim ersten Schall steigt die goldene Sonne
    aus der Tiefe und schüttelt das furchtbare Haar,
das Echo weckt den Mond noch einmal,
    um seine Silberlocken zu lösen,
die goldene Sonne
    trägt heran mein Gesang
und neun glänzende Kreise des Wohllauts
    steigen um den feurigen König.

Die Freude des Weibes ist der Tod
    auch ihres Allergeliebtesten,
der für ihre Liebe stirbt in den Martern
    wilder Eifersucht und in Qualen der Anbetung.
Des Liebenden Nacht
    trägt herauf mein Gesang,
und die neun Kreise erfreuen sich
    meiner mächtigen Aufsicht.
Sie singen unermattet
    zu den Schlägen meiner unsterblichen Hand,
der feierlich-stumme Mond
wirft den langen, tönenden Wohllaut
    auf meine Glieder zurück,
die Vögel und Tiere
    spielen entzückt,
und Jedes sucht nach seinem Gatten,
    um ihm seine innerste Freude zu geben.

Wütend und furchtbar scherzen sie
    und zerreißen die niedere Tiefe,
die Tiefe erhebt
    ihr zottiges Haupt
und schwindet in unendlichen schwebenden Flügeln,
    verloren mit einem Schrei.
Der vergehende Schrei
    ist immer im Sterben,
die lebendige Stimme
    lebt immer in ihrer innersten Freude.

Steigt auf, ihr kleinen, glänzenden Flügel,
    und singt eure Kindesfreude,
steigt und trinkt
    eure Seligkeit,
denn Jedes, was lebt,
    ist heilig.
Der Quell des Lebens
    steigt herab,
um ein weinendes Kind
    zu werden,
der Regenwurm erneuert die Feuchtigkeit
    in sandiger Ebene.
Jetzt strecke ich meine Hand weit hinaus
    bis zur Erde unten
und schlage die Saite.

Ich wecke süße Freude
 im Tau der Sorge
und pflanze ein Lächeln
 in Wäldern des Kummers
und wecke die siedenden Quellen des Lebens
 in Reichen dunklen Todes.

O, ich bin müde. Lege deine Hand auf mich,
 oder ich ermatte,
ich ermatte
 unter diesen Strahlen von dir,
denn du hast meine schönen Sinne berührt,
 und sie antworteten dir,
jetzt bin ich nichts,
 und ich sinke und falle
auf das Bett feierlichen Schlafes,
 bis du mich weckst.

So sang die Einsam-Einzige
 in leidenschaftlicher, täuschender Verzückung.
Los hörte und lebte wieder auf.
 Er griff sie in seinen Armen.
Trügerisches Hoffen.
 Entzündend leitete sie ihn in Schatten
und entfloh da,
 auf das Unendliche sich hinstreckend,

gleich einem glänzenden Regenbogen,
    weinend, lächelnd, vergehend.
Ach, glückliche Blindheit,
    die nicht die Schrecken des Ungewissen sieht,
also klagt sie auf der dunklen Tiefe,
    die goldenen Himmel zittern.

Was ist der Preis der Erfahrung?
    Kaufen Menschen sie für einen Gesang,
oder Weisheit
    für einen Tanz in der Straße?
Nein, sie ist gekauft mit allem,
    was ein Mensch hat –
mit seinem Weib,
    seinem Hause, seinen Kindern.
Weisheit wird am öden Markt verkauft,
    wohin keiner kommt, um zu kaufen,
und auf den trockenen Feldern,
    wo vergebens der Landmann um Brot pflügt.

Es ist ein leichtes Ding,
    in der Sommersonne zu triumphieren
und in der Ernte zu singen
    auf dem kornbeladenen Wagen;
es ist ein leichtes Ding, zum Bekümmerten
    von Geduld zu sprechen,

dem heimlosen Wanderer
  die Gesetze der Klugheit vorzusprechen,
dem Schrei des hungrigen Raben
  zu lauschen,
wenn das rote Blut
  mit Wein und dem Mark von Lämmern erfüllt ist;
es ist ein leichtes Ding,
  über die zornwütigen Elemente zu lachen,
das Hundegeheul
  an der winterlichen Tür zu hören,
des Ochsen Stöhnen
  im Schlachthause,
einen Gott zu erblicken auf jedem Wind
  und auf jedem Lüftchen ein Segnen,
im Gewittersturm, der unseres Feindes Haus zerstört,
  Töne der Liebe zu hören,
am Meltau sich zu freuen,
  der sein Korn bedeckt,
an der Krankheit,
  die ihm seine Kinder nimmt,
während unsere Olive und wilder Wein
  singen und lachen um unser Tor
und unsere Kinder
  Früchte und Blumen bringen:
dann sind Stöhnen und Schmerz
  ganz vergessen,

und der Sklave,
    der in der Mühle mahlt,
der Gefangene in Ketten
    und der Soldat auf dem Schlachtfeld,
wenn ihn der zerschmetterte Knochen
    stöhnend unter die glücklicheren Toten legt.
Es ist ein leichtes Ding,
    froh in den Zelten des Wohlseins zu sein!
Ahania hörte die Klage, und ein sanftes Zittern
    ging durch ihre goldene Gestalt.